Karl Enderle
Waldweihnacht
selber gestalten

Karl Enderle

Waldweihnacht

selber gestalten

Menschen und Tiere
auf dem Weg zur Krippe

Mit Illustrationen
von Alfred Hofstätter

echter

Inhalt

Vorwort 6

Hilfe finden

1. STATION	Mensch und Baum · 11
2. STATION	Hund und Ameise · 15
3. STATION	Pony und Hahn · 21
4. STATION	Eule, Fuchs und Hase · 25
5. STATION	Heilige Familie: das anvertraute Kind · 29

Wege zeigen

1. STATION	Schnee-Eule und Schnee-Hase · 35
2. STATION	Spatz und Marder · 39
3. STATION	Reh und Mäusebussard · 43
4. STATION	Zwei Ponys und Fuchs · 47
5. STATION	Heilige Familie: der wunderbare Ratgeber · 53

Geschenke machen

1. STATION	Kaninchen und Eisvogel · 59
2. STATION	Fuchs und Ente · 63
3. STATION	Rotkehlchen und Steinkauz · 69
4. STATION	Buntspecht und Eichhörnchen · 73
5. STATION	Heilige Familie: die liebevolle Sorge · 77

Freunde werden

1. STATION	Krähe, Spatz und Kind · 83
2. STATION	Haustaube und Schlange · 87
3. STATION	Schleiereule, Marder und Hamster · 91
4. STATION	Pferd und Hund · 95
5. STATION	Heilige Familie: Tiere als anvertraute Gabe · 99

Botschafter sein

1. STATION	Schwarzspecht und Hahn · 105
2. STATION	Dachs und Hase · 109
3. STATION	Reh und Wildschwein · 113
4. STATION	Elster und Pony · 117
5. STATION	Heilige Familie: gemeinsame Schwangerschaft · 121

Anhang
Hinweise zur Organisation · 127
Schritte zur Durchführung mit Zeitplan · 134
Liedvorschläge · 136
Hinweisblatt für die Sprecher/-innen · 137
Beispieltexte für Einladung –
Begrüßung – Dank · 138

Vorwort

Am Anfang stand die Idee, einen Christbaum für die Tiere draußen im Wald zu schmücken. Der nächste Schritt war ein Geländespiel mit Jugendlichen vor Weihnachten, für das bestimmte Stationen in Feld und Wald gestaltet wurden.

Auf meiner ersten Pfarrstelle in Friedrichshafen bot sich dann der Seewald als Ort für die Feier einer „Waldweihnacht" an. Jugendliche der Gemeinde „Zum Guten Hirten" gestalteten die Stationen mit und machten dadurch Familien mit Kindern eine große Freude.

Im Verlauf der Jahre entstanden für die einzelnen Stationen auf dem Weg zur Krippe jeweils neue Dialoge. Dabei schlüpfen Kinder, Jugendliche und Erwachsene in die Rollen verschiedener Tiere, seien es Waldbewohner, seien es Haustiere. Diese stellen eine Verbindung her zwischen der Wohnung der Menschen und der Natur draußen. Da sie als Akteure mehrfach auftreten, wird deutlich, dass man sie in unterschiedliche Dialoge „einbauen" kann.

Die in diesem Buch ausgewählten Textreihen verstehen sich als Anregung, auch selbst eigene Zwiegespräche zu erfinden. Wichtig ist dabei die Auswahl von Tieren mit örtlichem Bezug, so dass die Waldweihnacht im eigenen Lebensraum verortet ist.

Bei der Waldweihnacht können wir sehr anschaulich unsere Verantwortung für die Schöpfung vor dem Kind von Betlehem zum Ausdruck bringen. Auch ist es möglich, Ereignisse des vergangenen Jahres aufzugreifen und „zum Jesuskind" mitzunehmen.

In seiner Menschwerdung hat Gott auf unserer Erde „Wohnung" genommen. Unsere Lebensbedingungen wurden dadurch bejaht, auch gerade unsere Verbundenheit mit Pflanzen und Tieren. Die weihnachtliche Sehnsucht nach Harmonie und Frieden wird ausgeweitet auf den ganzen Kosmos. Die Tiere gehören zum Menschen und im Blick auf unsere Mitgeschöpfe erkennen wir unsere Erde als gemeinsames Haus für alles, was atmet.

Nach unserer Erfahrung sind viele Menschen spontan und gern bereit, bei der Durchführung der Waldweihnacht auf unterschiedlichste Art mitzuhelfen. Nur so, als Gemeinschaftswerk, ist sie auch möglich.

Schwester Christa-Maria Günther danke ich für ihre Mitarbeit und die praktischen Ergänzungen.

Alfred Hofstätter gelingt es mit seinen Kohlezeichnungen hervorragend, die gegenseitige Aufmerksamkeit und das Zwiegespräch der Tiere sichtbar zu machen. Wir können mit ihnen gleichsam in die Natur hineinlauschen.

Praktische Hinweise im Anhang helfen, eine Waldweihnacht selber zu gestalten.

Es freut uns, wenn durch dieses Buch die frohe Botschaft vernommen wird: Mensch und Tier und die ganze Schöpfung können bei Jesus daheim sein.

Karl Enderle

Hilfe finden

1. STATION
Mensch und Baum

Baum: Hallo, du, wo willst du denn hin, suchst du was?

Mensch: Wer bist denn du?

Baum: Ich bin ein Baum, das siehst du doch!

Mensch: Ja, klar, aber warum redest du dann?
Ein Baum kann doch gar nicht sprechen.

Baum: Heute schon, denn heute ist ein besonderer Tag. Es ist Waldweihnacht. Und da können auch Pflanzen und Tiere reden. Wir wollen reden, weil wir so froh sind.

Mensch: Warum seid ihr froh? Feiert ihr etwa auch Weihnachten?

Baum: Ja, klar. Ohne Weihnachtsbaum gibt's kein Weihnachten! Ich denke daran, dass vor 2000 Jahren ein Bruder von mir, ein Olivenbaum, in Israel gefällt wurde. Der war der erste Weihnachtsbaum überhaupt. Aus ihm hat dann ein Zimmermann eine Futterkrippe gemacht, in die das neugeborene Jesuskind hineingelegt wurde.

Mensch: Ah ja, ich verstehe. Deswegen war dieser eine Baum damals ganz wichtig. Und du, bist du auch zu etwas zu gebrauchen, bist du auch wichtig?

Baum: Aber klar doch! Meine Brüder und ich, wir Bäume hier im Wald, haben viele Aufgaben: Die Vögel nisten in unseren Ästen; wir tragen Früchte, die von Tieren und Menschen gerne gegessen werden; wir spenden den Wanderern Schatten; Kinder lassen wir sogar auf uns herumklettern; an unserer rauen Rinde können sich die Wildschweine trocken reiben, wenn sie ein Schlammbad genommen haben. Die Menschen freuen sich im Sommer über unser grünes Laub und im Herbst über unsere roten und gelben Blätter. Und ganz wichtig: Wir sorgen für saubere Luft.

Mensch: Also hat Gott euch dafür gemacht, dass ihr für andere da seid?

Baum: Ja, denn wenn wir zusammenstehen, bilden wir einen Wald, und der schenkt der Erde ein grünes Kleid. Außerdem sind wir sogar noch zu gebrauchen, wenn wir schon abgestorben sind. Wenn wir aus Altersschwäche umgestürzt sind, bieten wir für Igel, Kröten, Mäuse und Käfer eine Wohnung.

Mensch: Und wenn ihr schon vorher gefällt werdet, dann bauen wir aus eurem Holz Häuser und schöne Möbel. Das ist ja ganz toll, wozu ihr Bäume nützlich seid. Aber ihr selber habt doch gar nichts davon!

Baum: Oh doch, wir freuen uns darüber, dass wir so wertvoll sind und für andere von so großem Nutzen sein können. Genauso wie Jesus damals vor 2000 Jahren. Er hat ja auch anderen Menschen geholfen, er hat für andere gelebt, er hat die Menschen glücklich gemacht und war selber froh dabei.

Mensch: Jetzt ist mir klar, warum ihr Bäume heute auch so froh seid. Ihr freut euch über die Geburt Jesu – mit allen Menschen, die heute in den Wald gekommen sind, um Weihnachten zu feiern. Nun würde es mich noch interessieren, ob heute tatsächlich auch die Tiere reden können, wie du vorher gesagt hast. Mal schauen, ob ich welche finde.

2. STATION
Hund und Ameise

Hund: Als Hund habe ich meine Nase immer unten auf dem Boden. Manchmal zwickt mich dabei eine Ameise. Ah, schau, da ist ja eine. Frohe Weihnachten, kleine Ameise!

Ameise: Wie? Wer? Frohe was? Ach, wie ärgerlich! Immer, wenn ich ganz schnell viel arbeiten will, haben alle anderen es überhaupt nicht eilig.

Hund: Aber warum hast du es denn so eilig? Heute ist doch Weihnachten!

Ameise: Weihnachten? Weihnachten! Ja, eben! Darum habe ich es ja so eilig und so furchtbar viel zu tun! Entschuldigung, Pfoten runter von meinem Strohhalm!

Hund: Oh, Verzeihung! Den habe ich gar nicht bemerkt. Aber wieso ist es denn bei dir an Weihnachten so hektisch? Ich dachte immer, nur die Menschen haben so viel Stress.

Ameise: Tss, tss, was sagt man dazu? Jetzt muss ich mir einen neuen Strohhalm besorgen, der hier ist ganz verknickt und platt gedrückt. Dann wird es aber höchste Zeit, dass ich mich auf den Weg mache!

Hund: Ach, du hast heute noch etwas vor?

Ameise: Ja, ich will zur Krippe! Genau wie all die anderen Menschen und Tiere, die heute unterwegs sind – und du weißt, der Weg ist weit!

Hund: Aber für eine Ameise ist das doch überhaupt kein Problem. Du brauchst dich doch nur in meinem Fell festzuhalten oder auf den Schuh eines Menschen zu krabbeln und du könntest ganz bequem an dein Ziel gelangen.

Ameise: Also, wenn du denkst, dass es so einfach ist, dann hast du die Botschaft aber gründlich missverstanden. Jeder Mensch, jedes Tier, ja überhaupt jedes Lebewesen muss doch seinen eigenen Weg zu Jesus finden. Und außerdem könnte ich mich schwer festhalten, weil ich nämlich diesen Strohhalm auf meinem Rücken trage.

Hund: Aber wie willst du diesen Weg schaffen, ohne dass Menschen oder Tiere dich zertreten?

Ameise: Ich bin klein, habe sechs Beine, kenne den Wald wie meinen Ameisenbau und habe Übung in der Überwindung von Hindernissen. Ich werde abseits der Menge meinen Weg finden.

Hund: Und was willst du an der Krippe? Dort ist das Gedränge sicher so dicht, dass so ein kleines zartes Wesen wie du doch überhaupt keine Chance hat, auch nur in die Nähe des Jesuskindes zu kommen.

Ameise: Ich glaube, dass ich so, wie ich bin, genau richtig bin. Das Gedränge macht mir keine Angst, denn ich werde durch eine Ritze in der Wand krabbeln und so direkt zur Krippe kommen. Dann werde ich an dem rauen Holz hinaufkrabbeln, meinen Strohhalm dorthin legen, wo er fehlt, und die anderen Halme auflockern, damit das Jesuskind es bequem hat.

Hund: Weißt du, dass ich dich beneide, kleine Ameise?

Ameise: So?!

Hund: Ja, denn so nahe wie du wird sonst niemand dem Jesuskind sein, auch ich nicht.

Ameise: Ja, Gott hat sich sicher etwas dabei gedacht, als er mich so gemacht hat. Deshalb will ich ihm zum Dank auch mit all diesen Gaben dienen. Und nicht nur an Weihnachten! Jetzt muss ich aber los! Frohe Weihnachten und pass gut auf dich auf!

Hund: Nun sei doch mal gnädig mit dir selbst. Ich nehme dich gern in meinem Fell mit.

Ameise: Ob das Jesuskind das will?

Hund: Klar – einer trage des anderen Last, nur dann wird es Weihnachten.

Ameise: Okay, einverstanden, warte geschwind, ich klettere gerade hoch. Beeilen wir uns!

3. STATION
Pony und Hahn

Pony: Endlich machst du mal 'ne Pause, ich kann schon fast nicht mehr gehen.

Hahn: Kikeriki! Du, Pony, ich bin so froh, dass ich wieder draußen sein kann. Wochenlang musste ich im Gehege bleiben wegen der Vogelgrippe, vor der die Menschen solche Angst haben.

Pony: Lieber Hahn, du hast mir schon leidgetan. Vor allem haben wir uns in dieser Zeit nicht gesehen, weil du mich nicht mehr besuchen konntest. Weißt du, in meinem Alter genießt man jede Abwechslung. Aber sag mal, wie siehst du denn aus? Ganz zerzaust und zerrupft. Wollte man dich schlachten?

Hahn: Nein! Ich sage nur „Vogelgrippe"! Deshalb musste doch alles Geflügel in ein Gehege. Das war zwar groß und hatte Platz für uns alle, aber wenn man sich näher ist, als man es gewöhnt war, dann geht man sich einfach gegenseitig auf die Nerven und ans Gefieder. Und alles nur, weil die Menschen vor einem kleinen Virus Angst haben.

Pony: Du bist doch ein gescheiter Hahn und hast das sicher eingesehen, dass der Bauer euch zu eurem Schutz einsperren musste.

Hahn: Ja, aber Freiheit ist einfach das Größte. Ich bin richtig froh, dass wir jetzt wieder raus dürfen. Sonst hätte ich ja nicht einmal zur Waldweihnacht mitkommen können.

Pony: Ich freue mich, dass du dabei bist. Und um dein Federkleid brauchst du dir auch keine Sorgen zu machen. Das Christkind schaut ins Herz und nicht auf das zerzauste Äußere.

Hahn: Das weiß ich – und deshalb bin ich hier. Dem Bauer war das zuerst gar nicht recht, dass ich unbedingt mitgehen wollte. Doch ich habe schon so oft gehört, dass dieses Kind alles heil macht: in dir und um dich herum. Das will ich mir doch nicht entgehen lassen.

Pony: Das stimmt! Deshalb bin ich auch auf dem Weg zur Krippe. In meinem Alter wird man gerne links liegen gelassen. Da habe ich es richtig gut getroffen, dass ich auf eurem Hof gelandet bin. So liebevoll werde ich dort gepflegt. Und es war völlig klar, dass ich heute wieder dabei sein werde.
Ich bin gespannt, wen ich alles an der Krippe treffen werde. Dieser Besuch bei alten und

neuen Freunden und vor allem bei dem Kind gibt mir in jedem Jahr viel Kraft.

Hahn: Diese Kraft brauche ich auch, damit ich über das Jahr jeden neuen Tag mit meiner Stimme begrüßen kann – kikeriki, kikeriki!

Pony: Und jedes Mal, wenn du krähst, denke ich an das Christkind – auch mitten im Sommer, weil dieses Kind das Licht und der Tag und die Wärme ist.

Hahn: Hast du jetzt genügend Pause gehabt? Wir sollten weitergehen, sonst kommen wir noch zu spät.

Pony: Besser zu spät als gar nicht! Aber eigentlich kann man nie zu spät zur Krippe kommen, denn das Kind wartet immer: so wie Gott auch. Trotzdem sollten wir uns beeilen: Gehen wir!

4. STATION
Eule, Fuchs und Hase

Fuchs: Ach, was höre ich denn da? Ist da jemand unterwegs? Da muss ich doch meine Ohren noch mehr spitzen. Ein Hase! Was macht der denn hier? Am besten schleiche ich mich mal ganz leise an. Vielleicht ist mir ja ein Festtagsfressen vor die Nase gelaufen.

Hase: Oh, jetzt ist der Fuchs doch tatsächlich aufgewacht. In welche Richtung renne ich jetzt am besten weg? Er sieht schon ganz gierig aus, so wie seine Augen funkeln.

Fuchs: Mmmh, da läuft mir doch schon das Wasser im Maul zusammen. Jetzt muss ich nur gut aufpassen, dass mir diese Mahlzeit nicht durch die Lappen geht.

Hase: Er kommt näher. Wie kann ich mich bloß retten und in Sicherheit bringen? Meine Familie braucht mich doch noch – und ich bin noch viel zu jung, um gefressen zu werden.

Fuchs: Ooh, junges, frisches Fleisch, kein so vergammeltes, wie es die Menschen in letzter Zeit verkauft haben.

Eule: Halt, komm her, Reineke Fuchs. Heute geht es nicht um Fressen und Gefressenwerden. Heute ist doch Weihnachten! Gott schenkt sich uns, damit wir innerlich satt werden.

Hase: Was sagst du da, du kluge Eule? Gott schenkt sich uns, damit wir innerlich satt werden? Brauche ich also heute keine Angst zu haben? Bin ich in Sicherheit?

Eule: Ach, du kleiner Hase, schau dich doch um: Heute trachtet niemand einem anderen nach dem Leben. Gott macht sich so klein wie du, ja sogar noch hilfloser. Du könntest weghoppeln und versuchen, dich in Sicherheit zu bringen. Das Gotteskind jedoch liegt wehrlos in der Krippe.

Fuchs: Was du alles weißt! Bis jetzt dachte ich, nur wir Füchse sind so schlau. Aber du weißt viel mehr! Und wenn ich in mich hineinhorche, dann spüre ich ihn auch: den Frieden der Weihnacht. Komm, kleiner Hase, hab keine Angst, heute fresse ich dich nicht!

Hase: Kann ich dir wirklich vertrauen? Die Menschen sagen doch: „Man muss immer Fuchs und Hase sein und aufpassen, dass man keine Nachteile hat."

Fuchs: Das hast du dir ja gut gemerkt, aber das zeigt doch: Wir gehören zusammen.

Eule: So wie die ganze Schöpfung Gottes! Aber was reden wir noch lange: Kommt, wir machen uns auf den Weg!

Hase: Ja, gehen wir. Vielleicht finde ich ja wirklich bei dem Gotteskind die Sicherheit, nach der ich mich schon lange sehne.

Fuchs: Und vielleicht stillt das Kind in der Krippe auch meinen inneren Hunger.

Eule: Ich bin sicher, dass es das tut. Dazu ist es ja in diese Welt gekommen. Aber beeilen wir uns jetzt lieber, als so lange zu reden. Dann werden unsere Augen das Heil sehen, das Gott für uns bereitet hat.

5. STATION
Heilige Familie: das anvertraute Kind

Maria: Schau doch, Josef, wie viele Menschen und Tiere heute Abend hierhergekommen sind. Manche sehen richtig erschöpft aus, aber aus allen strahlt die Freude über dieses Wunder der Weihnacht.

Josef: Ja, es ist wirklich ein Wunder, dieses kleine Kind in der Krippe. Der große Gott macht sich so klein und arm und wehrlos und ist so angewiesen auf unsere Fürsorge.
Sag, Maria, ist dir nicht kalt? Vielleicht lege ich doch lieber nochmals Holz nach. Dann können sich auch alle unsere Gäste am Feuer wärmen.

Maria: Kommt doch nach vorne, ihr Tiere und Menschen. Schaut in diesem Kind Gott an. Freut euch an ihm. Denn über dieses Kind hat mir der Engel gesagt, dass ich ihm den Namen Jesus geben soll. „Er wird groß sein", hat er gesagt, „und Sohn des Höchsten genannt werden. Gott, der Herr, wird ihm den Thron seines Vaters David geben. Er wird über das Haus Jakob in Ewigkeit herrschen, und seine Herrschaft wird kein Ende haben" (Lk 1,32–33).

Josef: Wenn ich dieses kleine Kind anschaue, dann kann ich das kaum glauben. Denn als wir so erfolglos von Tür zu Tür gegangen sind, um Unterkunft zu finden, da bekam ich Mitleid mit dir und dem Kind. Nun weiß ich, warum Gott euch mir anvertraut hat. Seinen Auftrag will ich gerne erfüllen. Ich werde für dich und das Kind da sein.

Maria: Ja, Josef, Gott vertraut sich uns an in diesem Kind – und wir dürfen ihm vertrauen, selbst wenn wir nicht wissen, wohin uns der nächste Schritt führt. Josef, ich bin so froh, dass Gott durch dich für uns beide sorgt.
Ach, könnten das doch alle Menschen und Tiere erfahren, dass sie in Gottes liebender Fürsorge geborgen sind. Das tut so gut.

Josef: So wie es guttut, einfach dieses Kind anzuschauen – Gottes Sohn, den Heiland der Welt.
– kurze Stille –
Maria, es ist eine besondere Nacht heute Nacht. Nur das Herz kann begreifen, was hier geschieht.

Maria: Josef, wir haben allen Grund, uns aus ganzem Herzen zu freuen: Der große Gott hat sich so klein gemacht in diesem Kind.

Josef: Ja, Maria, unendlich erhaben ist der große Gott und unerreichbar ganz ferne, so denken wir gewöhnlich. Doch hier offenbart sich Gott ganz klein und ganz nahe im Kind! Wer kann das begreifen?

Maria: Du, Josef, schau mal, wie die Augen der vielen Kinder glänzen und wie sie mit ihren Augen ganz groß schauen!

Josef: Wer könnte die Botschaft der Weihnacht zuerst begreifen, wenn nicht allen voran ihr, liebe Kinder!

Maria: Und wenn ihr Kinder jetzt mit euren großen Augen das Christkind anschaut, dann ladet ihr die Erwachsenen damit ein, es auch zu tun.

Josef: Von jetzt an lädt das Christkind alle Menschen auf der weiten Welt ein, es mit eigenen Augen anzuschauen.

Maria: „Meine Seele preist die Größe des Herrn, und mein Geist jubelt über Gott, meinen Retter!" (Lk 1,46–47). Das dürfen in Zukunft alle Menschen beten und singen.

Josef: Ja, das ist das Geheimnis der Heiligen Nacht: Gott schenkt uns in seiner Gnade „große" Augen, damit die Menschen Gottes Größe im Kleinen erkennen.

Maria: Ihr Mütter und Väter, merkt auf in dieser Heiligen Weihnacht: Gott gibt uns in jedem Kind, das auf dieser Welt „ankommt", die Chance für große Taten.

Josef: Oftmals sind die kleinen Taten die wirklich großen!

Maria: Gott gebe uns allen weihnachtlich große Augen, denn dann erkennen wir in jedem Menschenkind ganz neu das Christkind. Das macht unsere kleine Welt groß und größer nach Gottes Wohlgefallen.
Auf, lasst uns jubeln, singen und jauchzen: Es ist gnadenreiche heilige Weihnachtszeit!

Wege zeigen

1. STATION
Schnee-Eule und Schnee-Hase

Schnee-Eule: Hallo, Hase, liebst du auch den Schnee, weil du so schön weiß bist?

Schnee-Hase: Ja, große weiße Eule, aber komm mir nicht zu nahe! Ich weiß nicht, wie dein Speiseplan heute Abend aussieht.

Schnee-Eule: Keine Angst, heute Abend treibt mich ein ganz anderer Hunger um. Ich weiß nicht, woher.

Schnee-Hase: Mein weißes Fell ist eine Tarnung, damit ich mich in der Schneelandschaft leichter verstecken kann. Wie hast du mich nur entdeckt?

Schnee-Eule: Außer meinen großen Augen habe ich auch besonders gute Federohren. Die brauche ich auch, denn ich wohne eigentlich in der Tundra in Sibirien. Dort ist es ein halbes Jahr weiß von Frost und Schnee.

Schnee-Hase: Kenne ich bestens. Meine Artgenossen leben auch dort und manche sind sogar ausgewandert in die hohen Gebirge.

Schnee-Eule: Und wie kommst du jetzt hierher?

Schnee-Hase: Jemand hat mir gemümmelt, diesen Winter würde der See wieder einmal zufrieren. Dann will ich der Erste sein und auf dem Eis meine Haken schlagen.

Schnee-Eule: Aber vorher sollte es doch zuerst schneien, damit die Menschen wirklich singen können: „Leise rieselt der Schnee, still und starr ruht der See." Wenn es dann wirklich kalt wird in der Vollmondnacht, dann sind die meisten Menschen drinnen in der warmen Stube; im Gegensatz zu mir: Ich bleibe draußen. Durch das Mondlicht glitzert und funkelt mein Federkleid ganz wunderbar.

Schnee-Hase: Du hast Recht. Und diese schöne weiße Farbe haben wir gemeinsam.

Schnee-Eule: Manchmal entdecke ich auf meinen Rundflügen Menschen, die auch weiß gekleidet sind. Offenbar gefällt den Menschen diese Farbe.

Schnee-Hase: Mein Name ist zwar Hase und ich weiß von nichts – aber mir ist zu meinen Löffelohren gekommen, dass die Menschen eigentlich auch ganz gern eine weiße Weste haben wollen.

Schnee-Eule: Im Frühjahr habe ich schon beobachtet, dass Kinder nach dem ersten Frühlingsvollmond weiße Gewänder tragen. Sie kleiden sich so an einem bestimmten Weißen Sonntag.

Schnee-Hase: Sind das dann Schneekinder?

Schnee-Eule: Ich saß mal in einem Kirchturm, da hörte ich Erzählungen, dass alles Licht und das ganze schöne Weiß von Gott kommen.

Schnee-Hase: Du, Eule, Vorsicht, ich höre Getrampel …

Schnee-Eule: Ja, Moment mal, da ist etwas los!
Ich sehe ein großes Licht in der Ferne. Da sind Menschen und Tiere unterwegs. Dieses sonderbare Licht bewirkt, dass alle aussehen, als ob sie weiße Gewänder tragen würden.

Schnee-Hase: Und das mitten in der Nacht? Das interessiert mich!

Schnee-Eule: Du, Hase, sonderbar, ich habe keinen Hunger mehr. Ich glaube, dieses Licht will mich satt machen. Es blendet auch nicht.
Es ist ein gutes und warmes Licht; es ist ein wunderbares Licht mitten in der Nacht – schöner als das Mondlicht …

Schnee-Hase: Komm, Eule, lass uns danach sehen.

2. STATION
Spatz und Marder

Marder: Hallo, Spatz, bist du heute Abend allein zu Hause?

Spatz: O, Marder, du bist schon unterwegs auf Beutesuche. Willst du mich gleich fressen?

Marder: Nein, du weißt, ich habe dich zwar zum Fressen gern, aber in dieser Nacht ist alles anders als sonst.

Spatz: Eben! Friss doch lieber die Lebkuchen. Das ganze Haus duftet davon.

Marder: Es sind keine mehr da. Ich habe schon den ganzen Dachboden durchstöbert. Alles leer; auch die anderen Sachen, die vielen Geschenke und Kartons, sind plötzlich weg.

Spatz: Ich habe beobachtet, wie die ganze Familie heute Abend aus dem Haus ging, jeder mit einem dicken Rucksack auf dem Buckel.

Marder: Sonderbar!

Spatz: Ich bin ihnen noch ein Stück des Weges nachgeflogen. Die ganze Familie war fröhlich und sie haben gesungen und Lieder gesummt, viel besser als ich tschilpen kann.

Marder: Und ich schreie ganz laut in der Nacht – normalerweise vor allem, wenn ich mit meinen Artgenossen spiele und mich mit ihnen zanke. Dann wachen die Menschen auf und ich ärgere sie damit. Aber heute Abend sind sowieso alle wach und trotzdem ist alles still. Du, Spatz, sag mal, wohin ist die Familie wohl unterwegs?

Spatz: Ich erinnere mich, vor zwei Tagen habe ich zusammen mit meinem Nachbarn getschilpt. Der hat gesagt, heute sei Waldweihnacht. Viele Leute und Tiere gehen dorthin. Die wollen das Christkind sehen.

Marder: Ich bin auch oft nachts am Waldrand unterwegs und kenne fast jeden Baum. Aber das Christkind habe ich noch nicht gesehen.

Spatz: Das interessiert mich jetzt aber. Soll ich die anderen Spatzen zusammenrufen? Dann könnten wir uns gemeinsam auf die Suche machen. Du musst mir aber versprechen, dass du dann keinem anderen Spatz etwas zuleide tust.

Marder: Okay, weil du's bist!

Spatz: Vor allem, weil es das Christkind so will. Eine gute Freundin hat mir gesagt, dass das Christkind will, dass heute in der Heiligen Nacht niemandem etwas zuleide getan werden darf.

Marder: Dann muss ich heute Abend ja hungern.

Spatz: Nein, der Grünspecht sprach davon, dass man an Weihnachten mit den Augen satt wird, sobald man das Christkind zu sehen bekommt. Der war schon zweimal bei der Waldweihnacht. Deswegen ruft er während des ganzen Jahres beim Fliegen öfters: Glück – Glück – Glück!

Marder: Bei meinem weißen Kehlfleck – was das Christkind ausmacht: sich sattsehen können und glücklich sein. Da wird mir so wehmütig um mein kleines Marderherz! Spatz, was soll ich tun?

Spatz: Ich mache dir einen Vorschlag! Wie wär's? Machen wir uns gemeinsam auf den Weg zum Christkind? Ich fliege oben und halte den Überblick.

Marder: Gut, und ich springe und hüpfe unten. Dann finden wir sicher die Spuren, die zum Christkind führen. Ich bin ja so gespannt!

Spatz: Also dann: Tschilp – tschilp!

3. STATION
Reh und Mäusebussard

Reh: Hallo, Mäusebussard, kannst du mir sagen, wo heute Nacht der Fuchs unterwegs ist? Er ist schließlich dein Konkurrent, weil er auch so gern Mäuse frisst.

Mäusebussard: Mein liebes Reh, hast du heute Nacht keine anderen Probleme? Mir zum Beispiel ist es inzwischen viel zu kalt.

Reh: Das sehe ich, du bist ja ganz aufgeplustert. Du hast doch ein dichtes Federkleid. Außerdem, wenn du Glück hast, hast du eine „warme Mahlzeit" – und ich muss immer nur die kalten Tannenspitzen fressen. Übrigens: Hast du es schon gesehen? Meinem Lieblingsbaum haben sie jetzt sogar eine Lichterkette umgehängt.

Mäusebussard: Du musst viele Lieblingsbäume haben! Wenn ich so in der Luft meine Kreise ziehe, dann sehe ich inzwischen sehr viele Lichterketten, sogar manche Laubbäume sind in diesem Jahr geschmückt.

Reh: Mir ist ganz weihnachtlich zumute. Trotz der Kälte wird mir ganz warm ums Herz. Spürst du auch etwas davon?

Mäusebussard:	Warme Luft ist mir lieber. Sie steigt auf und von ihr kann ich mich mit meinen Schwingen tragen lassen kann. Von was lassen sich die Menschen eigentlich tragen?
Reh:	Die Wärme ums Herz nennen sie Liebe, aber die muss ja auch woher kommen. Weißt du, woher die Liebe bei den Menschen kommt?
Mäusebussard:	Wenn ich so ab und zu über der Stadt meine Kreise ziehe, dann sehe ich die Kirchen mit ihren Türmen. Manchmal beobachte ich am Sonntag, dass viele Menschen in die Kirche gehen. Ich glaube, heute Nacht ist das auch wieder der Fall. Sogar in der Nacht gehen sie hin, um Liebe zu tanken.
Reh:	Wie geht es: Liebe tanken?
Mäusebussard:	Das lernen die Menschen von einem besonderen Menschen, den Gott geschickt hat und der die Liebe ist. Sie treffen sich in der Kirche, um zu hören, was dieser Mensch gesagt und getan hat.

Reh: Ah, deswegen weiß ich bisher nichts von ihm. Ich lebe ja im Wald.

Mäusebussard: Schau mal, wie viele Menschen jetzt in den Wald gekommen sind.

Reh: Das muss doch einen Grund haben.

Mäusebussard: Dieser Mensch, der die Liebe ist, wollte draußen vor der Stadt auf die Welt kommen. Er wollte damit zeigen, dass er für alle kommt, auch für dich, liebes Reh.

Reh: Dann will ich ihn auch kennenlernen. Kannst du sehen, wohin die Leute laufen?

Mäusebussard: Ja, komm mit, ich kreise über dir.

4. STATION
Zwei Ponys und Fuchs

Junges Pony: Ich freue mich so sehr, dass du mich heute mitgenommen hast. Du weißt ja, ich gehe gern mit zur Waldweihnacht.

Altes Pony: Ich war schon oft dabei – und doch hat es für mich jedes Mal einen neuen Reiz. Ich entdecke immer wieder etwas Neues an der Weihnachtsbotschaft, obwohl ich inzwischen so alt bin, dass der Weg durch den Wald für meine alten Knochen beschwerlich ist.

Junges Pony: Schön, dass du trotzdem wieder dabei bist – und mir davon erzählt hast. Erinnerst du dich, wie traurig ich war, als meine Besitzer für mich keinen Platz mehr in ihrem Stall hatten? Aber inzwischen bin ich so froh, dass ich bei deinem Bauern untergekommen bin. Wir passen jetzt gut zusammen.

Altes Pony: Bei der Suche nach einer Unterkunft ging es dir so, wie es von der Heiligen Familie erzählt wird. Du hattest auch keinen Stall mehr – und hast jetzt doch eine Herberge gefunden.

Junges Pony:	Wie weit ist es noch? Wir haben inzwischen schon so viele Tiere gesehen, die auf dem Weg zur Krippe sind: Spatz und Marder, Reh und Mäusebussard, Schnee-Eule und Schnee-Hase. Ich bin gespannt, wer sonst noch kommt!
Altes Pony:	Doch, hm, hm (traurig, weinerlich).
Junges Pony:	Aber was hast du denn? Du weinst ja.
Altes Pony:	Ich musste gerade an unseren Hahn denken. Ich hatte ihn sehr lieb gewonnen. Er war im letzten Jahr mit dabei. Aber inzwischen hat ihn der Fuchs gefressen, auch viele unserer Hennen hat er auf dem Gewissen. Wenn der mir unter die Augen kommt, dann kann ich für nichts garantieren. Der hat bei der Krippe nichts zu suchen.

Junges Pony: Ich kenne dich ja nicht wieder. Du bist doch sonst so sanftmütig und ruhig. Ich dachte bis jetzt, nur ich rege mich so schnell auf. Moment mal! Du, da kommt der Fuchs gerade. Dass der sich hierhertraut!

Altes Pony: Komm nur her, du blöder Fuchs, dann bekommst du von mir die Quittung: einfach meine Freunde fressen und dann Weihnachten feiern wollen, als sei nichts gewesen.

Fuchs: Da halte ich doch lieber Abstand. Aber geschmeckt hat es mir – das war ein reichhaltiges Abendessen.

Junges Pony: Du, Fuchs, macht es dir eigentlich Spaß, anderen die Freunde wegzufressen? Kannst du nicht nachfühlen, wie es dem alten Pony geht?

Fuchs: Wieso soll mir das leidtun? „Fuchs, du hast die Gans gestohlen", das singen doch schon die kleinen Kinder. Das ist eben so. Aber verderbt mir jetzt nicht die Freude, ich bin auf dem Weg zum Jesuskind.

Altes Pony: Was, du? Ausgerechnet du? Du hast an der Krippe nichts verloren! Hau ab!

Junges Pony: Jetzt bist du schon so alt. Du müsstest doch auch wissen, dass Füchse Hühner fressen, er braucht ja etwas, um seinen Hunger zu stillen. Erinnere dich doch an das, was wir immer wieder gehört und erfahren haben. An der Krippe hört sogar jede Feindschaft auf, weil dieses Kind allen den Frieden bringt und Vergebung schenkt.

Altes Pony: Ich weiß, ich weiß. Doch das zu glauben, fällt mir in diesem Jahr nicht leicht. Ich vermisse unseren Hahn und seine Hennen, sie fehlen mir.

Junges Pony: Ich verstehe dich. Aber ich glaube, dass sich das Jesuskind überaus freut, wenn du ihm deine Bereitschaft zur Versöhnung mitbringst. Dann wird heute schon wahr, was der Prophet Jesaja verheißen hat:
„Dann wohnt der Wolf beim Lamm, der Panther liegt beim Böcklein. Kalb und Löwe weiden zusammen, ein kleiner Knabe kann sie hüten. Kuh und Bärin freunden sich an, ihre Jungen liegen beieinander. Der Löwe frisst Stroh wie das Rind" (Jes 11,6–7).

Altes Pony: Gut, dass du dabei bist und mich an diese Botschaft erinnerst. Wenn das bei denen möglich ist, dann will auch ich Frieden schließen. Komm, Fuchs, es ist Weihnachten, ich will dir nicht mehr böse sein. Wir gehen gemeinsam zum Christkind.

Fuchs: Ja, lasst uns Weggefährten sein.

5. STATION
Heilige Familie: der wunderbare Ratgeber

Maria: Lieber Josef, du bist heute Abend anders als sonst. Du schaust richtig glücklich aus.

Josef: Ja, meine liebe Braut von Nazaret! Inzwischen bin ich mir ganz gewiss, richtig gehandelt zu haben. Und jetzt ist es da – das besondere Kind. Es ist einfach sonderbar: meine große Freude über unsere Verlobung, dann plötzlich die Schwangerschaft und dann gleich der Engel im Traum ...

Maria: Du hast mein ganzes Vertrauen. Du bist für mich wie einer der großen Propheten.

Josef: Ja, wenn wir den Worten der Propheten Beachtung schenken, dann eröffnet sich für uns Gottes Wille. Ich denke schon den ganzen Abend an die Worte des großen Propheten Jesaja:
„Das Volk, das im Dunkel lebt, sieht ein helles Licht; über denen, die im Land der Finsternis wohnen, strahlt ein Licht auf. Du erregst lauten Jubel und schenkst große Freude. Man freut sich in deiner Nähe, wie man sich freut bei der Ernte, wie man jubelt, wenn Beute verteilt wird.
Denn uns ist ein Kind geboren, ein Sohn ist

uns geschenkt. Die Herrschaft liegt auf seiner Schulter; man nennt ihn: Wunderbarer Ratgeber, Starker Gott, Vater in Ewigkeit, Fürst des Friedens. Seine Herrschaft ist groß, und der Friede hat kein Ende.
Auf dem Thron Davids herrscht er über sein Reich; er festigt und stützt es durch Recht und Gerechtigkeit, jetzt und für alle Zeiten" (Jes 9,1–2.5–6).

Maria: Josef, meinst du, diese Worte gelten für unser Kind?

Josef: Alle besonderen Umstände dieser Nacht sprechen dafür: die Botschaft der Engel, das helle Licht, das leise Säuseln des Windes, die Stimmen der friedlichen Tiere …

Maria: Ja, ich erinnere mich: In mir ist eine große Freude aufgekommen, als ich mein Ja gesprochen hatte. Ich spüre einen seligen Frieden.

Josef: Ich glaube, diese Seligkeit ist in diesem Kind zu finden. Ja, unser Kind, liebe Maria, ist dieser „Wunderbare Ratgeber". Wer zu diesem Kind kommt, geht nie leer aus!

Maria: Das Kind, das ich geboren habe, ist ein Geschenk des Höchsten. Wenn der Junge erwachsen sein wird, kann er alles Gute von Gott mitteilen.

Josef: Das ist die Erfüllung der prophetischen Verheißung; so wie Gott will, lässt er uns Menschen dies erkennen.

Maria: Ich will mitsorgen, dass alle Menschen dieses Kind erkennen und in ihm Gott finden.

Josef: Ich helfe dir dabei. Und ich erinnere mich an die Verheißung für den „Thron Davids": Recht und Gerechtigkeit und alles Gute soll es zu aller Zeit für alle Menschen geben. Auch den Pflanzen und Tieren, die der Schöpfer von Anfang an uns Menschen zugeordnet hat, soll es für immer gut gehen. Der wunderbare Ratgeber wird dafür sorgen.

Geschenke machen

1. STATION
Kaninchen und Eisvogel

Eisvogel: Hallo, flinkes Kaninchen, du hast dich ja ganz schön herausgeputzt!

Kaninchen: Na klar, denn ich gehe jetzt zur Waldweihnacht!

Eisvogel: Was ist das: Waldweihnacht? Das kenne ich noch gar nicht!

Kaninchen: Das ist heute Abend – komm einfach mit!

Eisvogel: Da muss ich aber zuerst noch ein paar Fische fangen, um mich zu stärken.

Kaninchen: Das reicht jetzt nicht mehr, sonst kommst du zu spät. Komm sofort mit – auf der Stelle!

Eisvogel: Hab ich denn dafür die richtigen Federn angezogen?

Kaninchen: Klar, du siehst aus wie ein funkelnder Edelstein!

Eisvogel: Solch ein Kompliment hat mir noch niemand gemacht. Also gut, dann machen wir uns gleich auf den Weg!
Aber halt – soviel ich weiß, gibt's an Weih-

nachten doch Geschenke. Ich habe jetzt so schnell gar keines.

Kaninchen: Macht nichts! Wichtig ist, dass man an Weihnachten zusammenkommt und gemeinsam feiert. Die vielen eingekauften Geschenke sind gar nicht so wichtig. Das Christkind möchte vielmehr etwas von dir selbst!

Eisvogel: Was meinst du damit?

Kaninchen: Nun, ich bringe dem Jesuskind meine „saubere Weste".

Eisvogel: Dann bringe ich ihm mein schönes Gefieder und zeige vor seinen Augen meine Flugkünste. Ich kann nämlich pfeilschnell fliegen und prima tauchen. Dafür habe ich lange geübt.

Kaninchen: Au ja, und ich übe unterwegs, meine Haken noch besser zu schlagen und mit meinem Hinterlauf auf den Boden zu trommeln, damit viele Tiere und Menschen aufwachen und mitgehen zur Waldweihnacht. Aus den letzten Jahren weiß ich: Es ist am besten, das mitzubringen, was Gott einem in die Wiege gelegt hat und was man zusätzlich gelernt hat.

Eisvogel: Also können Lehrer das bringen, was sie gelehrt, vorgemacht und mit den Schulkindern geübt haben.

Kaninchen: Ja, genau, und jeder Schüler soll das mitbringen, was er ordentlich geübt und gelernt hat. Jeder kann das auf seine Weise am besten und ist so auf seine eigene Art gleichsam wie ein Edelstein.

Eisvogel: Toll, das wird ein schönes Fest!

Kaninchen: Eisvogel, noch etwas will ich dir verraten: Ihr Eisvögel und wir Kaninchen bringen unsere Jungen in einer Erdhöhle zur Welt.

Eisvogel: Das stimmt! Aber worauf willst du hinaus?

Kaninchen: Schau, das Christkind kam in einem Stall zur Welt, aber eigentlich war das zur damaligen Zeit eine Erdhöhle. Das bedeutet, dass er ganz nahe zu uns gekommen ist, die wir auf und in der Erde leben.

Eisvogel: Das finde ich sympathisch.
Kaninchen, lass uns fliegen und hoppeln.
Ich will nur noch das Christkind sehen!

2. STATION
Fuchs und Ente

Ente: Schnatter, schnatter, Fuchs, ich hab dich schon gesehen, du brauchst dich nicht zu verstecken.

Fuchs: Ich kann nur überleben, wenn ich mich verstecke. Die Jäger lauern mir auf und viele meiner Freunde wurden schon von Autos totgefahren.

Ente: So ein Leben kann ich mir nicht vorstellen: ein ständiges Versteckspiel. Ich schnattere lieber fröhlich und fliege in der Luft oder schwimme auf dem Wasser meine Runden. Ich habe auch vor dir keine Angst, schon gar nicht heute Abend!

Fuchs: Ja, ich habe schon gemerkt, die heutige Nacht ist heller als sonst, die anderen Tiere und die Menschen schlafen gar nicht. Was soll das bedeuten?

Ente: Die Leute sind auch freigebiger als sonst. An der Uferpromenade habe ich sogar schon Brotreste bekommen.

Fuchs: Also Hunger habe ich auch. Aber wo ich mit meinem roten Pelz auftauche, vermuten die Leute gleich, ich würde etwas anstellen.

Ente: Fuchs, die Menschen haben eben ihre Vorurteile, die machen die Welt nicht freundlicher. Ich denke oft darüber nach ... wenn ich so auf dem stillen Wasser schwimme und die Oberfläche ganz ruhig und glatt ist, dann wird sie wie ein Spiegel und ich kann mich darin sehen.

Fuchs: Und seither weißt du, dass du eine Ente bist? Vielleicht bist du sogar eine philosophische Ente!

Ente: Fuchs, ich meine das ernst. Willst du dich nicht auch mal in einem Spiegel sehen?

Fuchs: Nein, danke, auch die Menschen schauen täglich in den Spiegel und die Welt wird davon nicht besser.

Ente: Du bist ein alter Pessimist. Dir wird nachgesagt, du seiest schlau und listig, aber dem eigentlichen Glück und dem eigentlichen Frieden bist du noch nicht auf die Schliche gekommen.

Fuchs: Leicht geschnattert, meine liebe Ente, aber wo gibt es das? Gibt es ein Leben ohne Versteckspiel?

Ente: Ich glaube schon, denn ich fliege jedes Jahr auf die Waldweihnacht: Da kann ich Wundersames beobachten. „Da wohnt der Wolf beim Lamm, der Panther liegt beim Böcklein. Kalb und Löwe weiden zusammen … Kuh und Bärin freunden sich an … Der Löwe frisst Stroh wie das Rind" (Jes 11,6–7).

Fuchs: Aber die stellen doch sonst noch mehr an als ich!?

Ente: Doch an der Krippe sind sie ganz zufrieden, auch viele Menschen sind dabei – und die scharen sich um ein kleines Kind. Sie schauen das Kind an, wie wenn es alle Antworten auf jede Frage wüsste. Ich habe gehört, dass sie dieses Baby „Wunderbarer Ratgeber" nennen!

Fuchs: Ich staune und staune. Glaubst du, das Kind kann mir Auskunft geben, wie man ein Leben ohne Versteckspiel führen kann – auch wenn man viel angestellt hat?

Ente: Diese Erfahrung musst du selber machen. Ich zeige dir den Weg und fliege voraus – und dann kannst du an der Krippe selber in das Gesicht vom Christkind schauen, das ist mehr als nur ein Spiegel. Der Blick dieses Kindes macht dich wunderbar zufrieden und ich glaube inzwischen, es kann die ganze Welt zufrieden machen.

Fuchs: Die Nacht wird ja noch heller. Also, ich probier's! Du fliegst voran und ich schnüre hinterher.

3. STATION
Rotkehlchen und Steinkauz

Rotkehlchen: Hallo, Steinkauz, du siehst so traurig aus. Was ist los mit dir?

Steinkauz: Wirklich gut, dass ich dich treffe. Ich brauche dich jetzt, damit du mich tröstest.

Rotkehlchen: Sag mir, was schmerzt dich so? Sonst kann ich auch nicht mehr fröhlich singen.

Steinkauz: Du weißt doch, wo ich wohne – ach nein, wo ich wohnte. Ich musste vor ein paar Tagen ganz schnell meine Baumhöhle verlassen. Ich hörte auf einmal lautes Motorengeräusch – und das am helllichten Tag, wo ich normalerweise schlafe. Meine schöne alte Pappel wurde gefällt. Die Motorsäge war so gnadenlos. Ich bin richtig geschockt.

Rotkehlchen: Oh, das tut mir leid für dich! Wenn wir nicht so unterschiedliche Lebensgewohnheiten hätten, würde ich dich gern bei mir aufnehmen. Bist du jetzt obdachlos?

Steinkauz: Ja, leider gibt es immer weniger hohle Bäume. Es ist darum sehr schwer geworden, eine Wohnung zu finden.

Rotkehlchen: Aber es gibt auch gute Menschen, die sehr naturverbunden sind. Ganz in der Nähe habe ich auf dem Ast eines Birnbaums eine große Röhre entdeckt. Das ist doch ein Nistkasten für dich. Da könntest du sogar mit deinem Steinkauz-Weibchen einziehen.

Steinkauz: Stimmt das wirklich? Ist es dort so schön wie an meinem alten Platz?

Rotkehlchen: Ich glaube schon! Und dort, wo die alte Pappel stand, kannst du ja auf einen kurzen Besuch vorbeifliegen. Der alte Baum hat doch eine große Wurzel. Eine starke Wurzel hat immer noch genügend Lebenskraft in sich. Du wirst sehen: Eines Tages werden aus der alten Wurzel neue Zweige treiben.

Steinkauz: Und woher nimmst du deinen Optimismus?

Rotkehlchen: Erinnerst du dich an die alte Verheißung des Propheten Jesaja: „Doch aus dem Baumstumpf Isais wächst ein Reis hervor, ein junger Trieb aus seinen Wurzeln bringt Frucht. Der Geist des Herrn lässt sich nieder auf ihm: der Geist der Weisheit und der Einsicht, der Geist des Rates und der Stärke, der Geist der Erkenntnis und der Gottesfurcht" (Jes 11,1–2).

Steinkauz: Von wem sagt der Prophet das?

Rotkehlchen: Von Jesus, der heute Geburtstag hat. Deshalb sind auch die vielen Leute unterwegs. Der Geburtstag Jesu ist wie eine Hochzeit für alle Menschen, weil Jesus sich mit ihnen verbindet und sie nie mehr allein und einsam sein müssen.

Steinkauz: Dann möchte ich jetzt mit dir den Geburtstag Jesu feiern gehen – alles andere kann warten.

Rotkehlchen: Dein Steinkauz-Weibchen kann auch mitkommen. Das Christkind freut sich sicher, wenn ihr gemeinsam zu ihm kommt. Auch alle anderen Tiere sind eingeladen, am Fest teilzuhaben.

Steinkauz: Super! Du fliegst unten, ich fliege oben ...

4. STATION
Buntspecht und Eichhörnchen

Buntspecht: Klopf, klopf, klopf, trommel, trommel ...

Eichhörnchen: Angeber! Jetzt hast du mich aus meinem Schlaf geweckt. Im Winter halte ich zwar keinen Winterschlaf, aber immerhin eine Winterruhe. Bitte Ruhe!

Buntspecht: Klopf, klopf, klopf, trommel, trommel ...
Die heutige Nacht darf man nicht verschlafen.

Eichhörnchen: Wieso? Ist heute Nikolausabend?
Apfel, Nuss und Mandelkern,
essen nicht nur Kinder gern,
sondern auch wir Eichhörnchen.

Buntspecht: Ja, das weiß ich: Manchmal entdecke ich Nüsse, die du versteckt hast. Ich bin unter die Hacker gegangen. Ich hacke Nüsse auf.

Eichhörnchen: Nimm es als Zeichen meiner Gutmütigkeit! Ich teile gerne das, was ich eingesammelt habe. Ich bin eben freigebig.

Buntspecht: Angeberin! Dafür schläfst du in meinen Höhlen, die ich gezimmert habe.
Klopf, klopf, klopf, trommel, trommel ...

Eichhörnchen: Specht, sei still, ich höre etwas. Da sind so viele unterwegs und es liegt eine ganz wunderbare Musik in der Luft. Hör doch mal hin!

Buntspecht: Was glaubst du, warum ich in tiefer Nacht anfange zu trommeln? Dieser Rhythmus geht mir in Schnabel und Federn über.

Eichhörnchen: Und die Musik wird immer deutlicher. Wo sie wohl herkommt? Ich bin so beschwingt, ich möchte fast von Baumkrone zu Baumkrone springen.

Buntspecht: Diese Musik kann wohl nur von Engeln sein. Diese Wesen, die haben Flügel wie ich. Sie stupfen die Menschen wach, damit sie diese Nacht nicht verschlafen.

Eichhörnchen: Dann bist du für mich ein Engel. Du hast mich ja geweckt.

Buntspecht: Da fällt mir ein Gedicht ein:
Ich bin der Specht und trommle gern,
dass man es hört von nah und fern.
Ich bin unter den Vögeln der Zimmermann,
und kann das, was nicht jeder kann.
Ich zimmere Höhlen für meine eigene Brut
und überlasse sie dann anderen als Obhut.
So kann ich für viele ein Engel werden,
nicht nur im Himmel, sondern schon auf Erden.

Eichhörnchen: Das hätte ich dir gar nicht zugetraut, aber in dieser Nacht ist ohnehin vieles anders. Selbst die Menschen können in dieser Nacht die Musik der Engel hören. Komm, wir schauen, wo die Musik herkommt!

5. STATION
Heilige Familie: die liebevolle Sorge

Erzähler: Draußen vor der Höhle wird es immer lebendiger. Immer mehr Menschen und Tiere ziehen über die Felder zur Höhle hin. In der dunklen Nacht haben Kaninchen und Eisvogel ihren Weg zum Stall gefunden und sich ihren Platz an der Krippe gesichert. Der Fuchs hat sich ins Heu gekuschelt und die Ente sitzt am Fuß der Krippe. Das Eichhörnchen hockt aufmerksam daneben in einer Nische. Darüber sitzen Steinkauz, Rotkehlchen und Specht einträchtig nebeneinander auf einem Balken.
Der dunkle Horizont hat sich aufgehellt, und ein wunderbares Licht glänzt über dem Feld mit den vielen Menschen und Tieren. Zusammen mit ihnen stehen wir nun an der Krippe. Lassen wir uns vom Evangelisten Lukas erzählen, wie es damals war:

Lukas: „In jenen Tagen erließ Kaiser Augustus den Befehl, alle Bewohner des Reiches in Steuerlisten einzutragen. Dies geschah zum ersten Mal; damals war Quirinius Statthalter von Syrien. Da ging jeder in seine Stadt, um sich eintragen zu lassen.
So zog auch Josef von der Stadt Nazaret in Galiläa hinauf nach Judäa in die Stadt

Davids, die Betlehem heißt, denn er war aus dem Haus und Geschlecht Davids. Er wollte sich eintragen lassen mit Maria, seiner Verlobten, die ein Kind erwartete.
Als sie dort waren, kam für Maria die Zeit ihrer Niederkunft, und sie gebar ihren Sohn, den Erstgeborenen. Sie wickelte ihn in Windeln und legte ihn in eine Krippe, weil in der Herberge kein Platz für sie war" (Lk 2,1–7).

Josef: Wie es mir in meiner Rolle als Pflegevater so geht, wissen die allerwenigsten. Viele meinen, ich wäre ein armer Tropf, so ein Anhängsel für Maria und das Kind. So fühle ich mich gar nicht, denn ich habe einen göttlichen Auftrag. Ich muss für die beiden sorgen.

Maria: Ich bin heute so glücklich, auch wenn vieles nicht leicht war während der Schwangerschaft und kurz vor der Geburt. Die Nachbarn und Bekannten haben getuschelt. Mir war angst und bange um das Kind und seine Gesundheit.

Josef: Viele Leute meinen heute, Sorgen dürfte es im Leben nicht geben, doch das halte ich für völlig falsch. Sorgen können ist nämlich ein Zeichen von lieben können. Ich sorge gern für die beiden. Und alles, was man aus Liebe tut, geht viel leichter und ist nicht so schlimm, selbst wenn es darum geht, nachts aufzustehen.

Maria: Ich erinnere mich auch an die große Freude bei der Begegnung mit meiner Cousine Elisabet. Die Zeit bei ihr war für mich sehr wertvoll und wichtig. Ihre Ermutigung und ihre Worte haben mir Kraft gegeben, durchzuhalten. Das wünsche ich jedem Menschen, der sich auf den abenteuerlichen Weg mit Gott einlässt.

Josef: Meine Berufung ist die Sorge um das göttliche Kind und seine Mutter. Was gibt es Schöneres und Größeres? Ich bin kein Freund von großen Worten, sondern packe lieber dort zu, wo es gerade nötig ist.

Maria: Im Gespräch mit Elisabet entdeckte ich die Freude an meiner Berufung und Erwählung. Diese Freude wuchs zusammen mit dem Kind in mir. Und heute durfte ich das Kind zur Welt bringen, damit ihr alle seht: Gott schenkt uns in Jesus bleibende Freude. Er ist uns ganz nahe und er liebt uns.

Josef: Ich bin der Anwalt der Stillen im Land, die kein Aufsehen erregen und sich selbst nicht so wichtig nehmen. Meistens ist es nur wichtig, in stiller Treue da zu sein.

Maria: Kommt her und schaut das Kind an! Lasst Jesus in euer Leben hinein und tragt Gottes Freude hinaus in die Welt.

Freunde werden

1. STATION
Krähe, Spatz und Kind

Krähe: Hallo, Spatz, weißt du, was hier los ist?

Spatz: Hallo, Krähe, was fragst du mich? Du weißt doch immer alles besser! Jedenfalls beobachte ich seit einigen Wochen schon so viele Lichter in der Stadt.

Krähe: Ja, und ich sehe viele Bäume in den Gärten, die mit vielen Lichtern geschmückt sind.

Spatz: Vermutlich zünden die Menschen gegen die Dunkelheit Lichter an. Du, Krähe, schau mal: Die Lichter kommen immer näher!

Krähe: Sonderbar, da sind ja lauter Menschen – so spätabends im Wald? Normalerweise bin ich um diese Zeit unter meinesgleichen.

Spatz: Seltsam, es liegt eine besondere Erwartung in der Luft. Was ist bloß los? Ich glaub, ich trau mich und frag ein Menschenkind, vielleicht eines, das ich von der Uferpromenade her kenne. Du, sag mal, was macht ihr bei dieser Dunkelheit im Wald?

Kind: Wir möchten das Christkind sehen.

Krähe: Und deswegen kommt ihr zu uns in den Wald?

Kind: Meine Mama hat gesagt, dass man das Christkind immer dort findet, wo es am dunkelsten ist. Es kommt vor allem für die Menschen, die traurig sind, und für die Kinder, die viele Tränen weinen. Oft ist unsere Welt dunkel und wir brauchen Licht. Das Licht ist das Christkind, zu ihm gehen wir. Wollt ihr mit?

Krähe: Ich glaube, ich bleibe lieber hier – die Leute mögen mich ohnehin nicht so. Aus den Vorgärten vertreiben sie mich. Mein Krächzen geht ihnen auf die Nerven und mein schwarzes Kleid macht ihnen Angst.

Spatz: Du, Krähe, genau deshalb musst du mitkommen! Wenn ich das richtig verstanden habe, kommt das Licht für alle, für dich und mich, für Mensch und Tier.

Kind: Das hat meine Mama auch gesagt: Alle Tiere dürfen heute Nacht mitgehen zum Christkind. Sie hat mir aus der Bibel eine uralte Weissagung vorgelesen: „Das Volk, das im Dunkel lebt, sieht ein helles Licht; über denen, die im Land der Finsternis wohnen, strahlt ein Licht auf" (Jes 9,1).

Spatz: Schau, wir sind nicht die Einzigen: Einige Hunde und ein Pony sind auch schon dabei. Ich bin gespannt, wen wir sonst noch auf dem Weg treffen.

Krähe: Gut, dann krächze ich so laut, dass der ganze Wald aufwacht.

Kind: Da wird sich das Christkind sehr freuen, wenn viele Tiere und Kinder den Weg zu ihm finden.

2. STATION
Haustaube und Schlange

Haustaube: Hilfe! Eine Schlange! Gott sei Dank – ich habe Flügel und kann davonfliegen.

Schlange: Hallo, Taube, und trotzdem benimmst du dich wie ein Angsthase!

Haustaube: Wohl zu Recht! Vor dir bekommt doch fast jeder Angst!

Schlange: Deswegen bin ich ja so oft allein. Weil sich jeder vor mir fürchtet, finde ich keine Freunde.

Haustaube: Das ist bei mir anders. Ich lebe die meiste Zeit in einem Schwarm und gemeinsam drehen wir dann unsere Runden, weil wir Spaß am Fliegen haben.

Schlange: Ich habe Freude daran, mich zu winden und zu drehen, um vorwärtszukommen. Mein Spaziergang besteht sozusagen aus lauter Schlangenlinien.

Haustaube: Da bist du sehr beweglich! Das muss ich zugeben.

Schlange:	Heute sagt man dazu „flexibel". Hauptsache: flexibel sein! Dann kommt man überall durch.
Haustaube:	Na, du lebst immer so versteckt und ich fliege offen herum. Außerdem transportiere ich manchmal Briefe, wie heute Abend zum Beispiel.
Schlange:	Was steht denn in dem Brief drin? Das würde mich jetzt schon interessieren!
Haustaube:	Also hier, bitte! Du kannst doch lesen.
Schlange:	Ja, ich kann nämlich alles.
Haustaube:	Gib nicht so an, sonst kann es nicht Weihnachten werden!
Schlange:	Wie bitte, was ist das – Weihnachten?
Haustaube:	Da feiern wir, dass der Messias geboren wurde. Er hat die Natur und alle versöhnt. So können alle Tiere und Menschen Freunde werden. Lies doch bitte mal!
Schlange:	In dem Brief steht, dass Jesus gesagt hat: „Seid klug wie die Schlangen und arglos wie die Tauben!" (Mt 10,16). Na bitte, da haben wir es. Das wusste ich doch: Ich bin klug!

Haustaube: Jesus meint wohl, wir sollen uns ergänzen! Arglosigkeit und Klugheit können gut zusammenpassen.

Schlange: Du, Taube, horch mal, ich spüre ein Mordsgetrampel auf dem Boden!

Haustaube: Ja, wirklich, so viele Tiere kommen daher und sind ganz fröhlich. Ich schließe mich ihnen an.

Schlange: Halt, Taube! Kannst du nicht bei mir bleiben und mir den Weg zeigen? Ich möchte auch mit! Aber flieg nicht so schnell! Wohin geht's nochmal?

Haustaube: Zu Jesus, dem göttlichen Menschenkind. Heute Nacht feiert alle Welt seinen Geburtstag.

Schlange: Also halten wir zusammen. Du hast doch gesagt: Wir passen zusammen! Arglosigkeit und Klugheit – beides will das Christkind uns allen schenken.

Haustaube: Also los, du arglose Schlange!

Schlange: Also los, du kluge Taube!

Haustaube: Das Jesuskind nimmt die Angst und lädt alle Welt ein zur Freundschaft mit Gott und untereinander.

3. STATION
Schleiereule, Marder und Hamster

Marder: Na, Schleiereule, wie immer bist du auch schon da, sobald die Dämmerung hereinbricht.

Schleiereule: Nanu, du bist ja heute so freundlich. Sonst schaust du immer sehr grimmig drein.

Marder: Ich muss ja auch täglich für mein Leben kämpfen, muss Beute suchen und Eichhörnchen jagen.

Schleiereule: Aber nicht heute! Heute ist Heiliger Abend. Heute Abend ist Frieden, glaub mir!

Marder: Ich glaube aber nur, was ich sehe!

Schleiereule: Eben – dann bist du bei mir richtig. Ich habe viel größere Augen als du. Ich sehe mehr. Also kannst du mir vertrauen!

Marder: Von wegen! Fressen und gefressen werden – das ist meine Devise.

Schleiereule: Sag mal, du bist unverbesserlich. Ich als Eule finde, dass Glaube und Vertrauen etwas sehr Schönes sind. Immer wenn ich die Flügel ausbreite, lasse ich mich tragen von der Luft und ich freue mich über jeden noch so kleinen Lichtblick in der Dunkelheit.

Marder: Ich brauche die Dunkelheit zu meinem Schutz – sonst erwischen mich die Jäger.

Schleiereule: Ich habe schon den ganzen Wald abgeflogen. Heute ist kein Jäger unterwegs.

Marder: Wieso?

Schleiereule: Weil heute Heiliger Abend ist. Selbst die Tiere sind unterwegs zur Krippe.

Marder: Auch die leckeren Eichhörnchen?

Schleiereule: Du, Marder, probier's doch mal mit leben und leben lassen. Ich zeige dir den Weg zur Krippe nur, wenn du alle anderen Tiere als Brüder und Schwestern akzeptierst. Auch das Kind in der Krippe will nichts anderes!

Marder: Das möchte ich gerne glauben! Aber was sehen da meine Augen – einen Hamster! Hast du denn keine Angst vor mir?

Hamster: Nein, heute ist Weihnachten. Tiere und Menschen schließen Frieden. Sonst hätte ich mich nicht hierhergetraut, sondern wäre in meinem Versteck auf dem Feld geblieben.

Marder: Hast du deine gehamsterten Vorräte schon aufgebraucht?

Hamster: Nicht ganz, aber ich war schon öfters beim Christkind – da gibt's Geschenke. Das Christkind schenkt jedem Besucher ein Körnchen Wahrheit und je öfter man kommt, desto mehr werden es. Am Schluss hat man einen ganzen Vorrat an Wahrheit.

Marder: So langsam dämmert's mir. Ich bin schon ganz neugierig; ich will auch zur Krippe.

Schleiereule: Also, beeilt euch. Ich fliege voraus. Hier geht's entlang!

4. STATION
Pferd und Hund

Hund: Hallo, Pferd, siehst du es auch? So viele Leute sind heute Abend hier!

Pferd: Hallo, Hund, das sehe ich nicht nur, das spüre ich auch. Denn viele Kinder reiten auf mir herum. Aber ich trage sie gerne.

Hund: Und wie gut das riecht! Ich glaube, die haben alle noch den Duft vom Weihnachtsmarkt an sich.

Pferd: Sag mal, du bist doch schon ganz lange bei deinem Herrn. Und der nimmt dich jedes Jahr mit auf die Waldweihnacht?

Hund: Ich darf das ganze Jahr in der Familie mitleben. Mein Herr sagt dann immer: Unser Familienmitglied auf vier Pfoten muss auch mit, sonst fehlt etwas.

Pferd: Also, ich habe in meinem großen Pferdekopf auch schon oft darüber nachgedacht, ob der Geburtstag Jesu nicht ebenso für alle Tiere gilt.

Hund: Schau doch mal, wie viele Tiere da schon mitgekommen sind!

Pferd: Komisch, die können doch alle gar nicht lesen und merken trotzdem, dass Weihnachten geworden ist?!

Hund: Die merken das einfach. Ihr Instinkt sagt ihnen, dass diese Nacht so heilig ist. Ich rieche das noch zusätzlich mit meiner Hundeschnauze. Weihnachten liegt in der Luft.

Pferd: Du meinst, die Tiere folgen einfach der weihnachtlichen Witterung?

Hund: Ja, sie wittern das Besondere dieser Nacht und spüren die wunderbare Stimmung. Das macht sie alle zu einer großen Familie.

Pferd: Das ist wirklich ein Wunder. Es herrscht eine große Übereinstimmung. Ich habe gehört, die Menschen sagen dazu „wie im Paradies".

Hund: Du, Pferd, ich will dir etwas verraten: Manchmal, wenn mich Kinder oder Erwachsene streicheln, habe ich das Gefühl, ich gebe ihnen so etwas wie „Paradies".

Pferd: Und ich habe viel Kraft und bin schnell, wenn es sein muss. Ich trage Reiter meilenweit. Ich spüre auch, dass es den Menschen paradiesisch guttut.

Hund: Und meine neugierige Schnauze sagt mir: Wir Tiere haben doch den besten Riecher für paradiesische Harmonie. Sie kommt heute Abend von diesem Kind. Jetzt ist es nicht mehr weit bis zur Krippe, in der das Jesuskind liegt.

Pferd: Auf, schließen wir uns an!

Hund: Ja, bald sind wir da!

5. STATION
Heilige Familie: Tiere als anvertraute Gabe

Erzähler: Willkommen zur heiligen Weihnacht! Das ist die besondere Nacht, in der die wilden Tiere friedlich beieinanderliegen. Das ist die berühmte Nacht: „Heute ist euch in der Stadt Davids der Retter geboren; er ist der Messias, der Herr. Und das soll euch als Zeichen dienen: Ihr werdet ein Kind finden, das, in Windeln gewickelt, in einer Krippe liegt. Und plötzlich war bei dem Engel ein großes himmlisches Heer, das Gott lobte und sprach: Verherrlicht ist Gott in der Höhe, und auf Erden ist Friede bei den Menschen seiner Gnade. Als die Engel sie verlassen hatten und in den Himmel zurückgekehrt waren, sagten die Hirten zueinander: Kommt, wir gehen nach Betlehem, um das Ereignis zu sehen, das uns der Herr verkünden ließ. So eilten sie hin und fanden Maria und Josef und das Kind, das in der Krippe lag" (Lk 2,11–16).

Maria: Lieber Josef, schau doch, wie viele Hirten mit ihren Schafen und wie viele andere Tiere uns besuchen kommen, um unser Kind zu sehen.

Josef: Es ist ja auch in einem Stall geboren und seine Nachbarn sind Ochs und Esel. Das will doch etwas heißen!

Maria: Meinst du etwa, dass auch die Hirten mit ihren Schafen ein besonderes Zeichen sind?

Josef: Ja, Schafe hören auf besondere Weise auf die Stimme des Hirten. So bleiben sie zusammen. Jetzt sind Menschen und Tiere gemeinsam zu uns gekommen.

Maria: Ob Gott uns durch die vielen Tiere an der Krippe auch darauf aufmerksam machen will, dass Tiere seine Gaben sind?

Josef: Ja, sie sind uns genauso anvertraut wie die ganze Schöpfung, in der wir leben. Nur mit den Tieren zusammen bleibt unser ganzes Leben wunderbar – so wie Gott es vorgesehen hat.

Maria: Sieh mal an, wie das Kind sich durch den warmen Atem von Ochs und Esel richtig wohl fühlt.

Josef: Das erinnert mich an den großen Propheten Jesaja: „Der Ochse kennt seinen Besitzer und der Esel die Krippe seines Herrn" (Jes 1,3). Sind etwa die Menschen und Tiere gekommen, weil sie wissen, wem sie gehören?

Maria: Ja, ich glaube, dass Gott, der Herr, alle seine Geschöpfe kennt und keines vergisst. Und weil das Jesuskind der Sohn des Höchsten genannt wird, wird er auch das tun, was der Höchste will.

Josef: Er wird den Bund Gottes mit uns Menschen und mit allen Lebewesen erneuern. Alle Tiere der Erde gehören dazu. Was sollen wir bloß tun, damit die Menschen diesen Bund Gottes nicht vergessen?

Maria: Josef, mein lieber Mann, ich mach es mit den Menschen genauso wie mit dir: Ich zeige ihnen einfach das Kind. Ich zeige ihnen einfach das Kind!

Josef: Alle sind eingeladen, dieses Kind anzuschauen, es ist Gottes Sohn, der Heiland der Welt. So wie Gott sich in diesem Kind uns geschenkt hat, so möchte er uns durch das Kind Heilung schenken in jeder Beziehung.

Maria: Und auch die Tiere leben auf in dieser Heiligen Nacht! Wenn jedes seine Stimme erklingen lässt, ergibt das einen wunderbaren Chor. Komm, Josef, wir singen mit ihnen.

Josef: Und alle Menschen können mitsingen! Jetzt höre ich sogar die Engel. Sie stimmen an: Ehre sei Gott in der Höhe!

Botschafter sein

1. STATION
Schwarzspecht und Hahn

Schwarzspecht: Kliööh – kliööh! Was willst du denn hier, du toller Hahn? Du gehörst doch eher auf einen Misthaufen als hierher in den Wald!

Hahn: Aber schau doch, du schwarzer Specht, so viele Leute sind auch da. Heute Abend muss schon etwas Besonderes sein. Da muss ich doch laut krähen: Kikeriki, kikeriki!

Schwarzspecht: Alle sind jetzt hellwach und voller Erwartung, soweit ich das als Specht erkennen kann. Zudem habe ich gehört, wie sie neulich gesungen haben: „Wachet auf, ruft uns die Stimme!"

Hahn: Da siehst du mal, wie die Leute auf mich hören. Toller Effekt!

Schwarzspecht: Nein, die vielen Menschen sind gekommen, um mein Trommeln zu bewundern. Außerdem bin ich der größte Specht und habe einen genauso schönen roten Scheitel wie du!

Hahn: Kikeriki, kikeriki! Dass ich nicht lache! Dass ich nicht krähe! Fragen wir lieber jemand, was denn heute Abend los ist.

Jemand wird mit Mikrophon gefragt. Erwartete Antwort: Heute Abend ist Waldweihnacht.

Schwarzspecht: Siehst du, die Kinder und Erwachsenen kommen in den Wald, weil er so schön ist! Da wohne ich ganz romantisch in alten Buchen und habe mein Haus sogar selbst gezimmert.

Hahn: Aber es wurde doch Weihnacht gesagt. Und in der Nacht bin ich dafür zuständig, dass der Anbruch des Tages nicht verschlafen wird, indem ich laut krähe! Wenn die Menschen dann aus dem Haus gehen, tauchen sie manchmal einen Finger in eine Wasserschale, so habe ich schon beobachtet.

Schwarzspecht: Das ist Weihwasser. Die Leute erinnern sich daran, dass ihre Wege unter einem besonderen Schutz stehen. Auch wenn die Menschen in ein neues Haus einziehen, lassen sie es einweihen. Damit – so habe ich schon mal mitbekommen – wollen sie allen zeigen: Dieses Haus gehört nicht nur uns, hier wohnen nicht nur wir.

Hahn: Und wer wohnt da noch?

Schwarzspecht: Die Menschen sagen „Gott" dazu.

Hahn: Das machen aber nicht alle.

Schwarzspecht: Das stimmt, aber Gott beschützt sie trotzdem.

Hahn: Was bedeutet dann das „weih" bei der Waldweihnacht? Ist das etwas für alle, auch wenn sie nicht dran denken?

Schwarzspecht: Ja, es ist eine gottgeweihte Nacht für alle Geschöpfe auf der Erde.

Hahn: Mir schwillt der Kamm! Du bist ja ganz schön klug! Dann sag mir auch: Wem gehört der Wald und diese Nacht? Es gibt doch viele Wälder und viele Nächte.

Schwarzspecht: Vermutlich gehört alles dem, dem alles gehört!

Hahn: Wenn die Menschen morgens aufstehen, dann denken sie daran, dass auch der neue Tag Gott gehört, sogar alle Tage!

Schwarzspecht: Hallo, Hahn, du hast es ja begriffen. Waldweihnacht meint also: Derjenige, dem alles gehört, will kommen, will bei uns einziehen und wohnen bleiben.

Hahn: Jetzt weiß ich endlich, für wen ich wache, wenn ich die Menschen mit meinem Krähen aufwecke. Dann ist das ja nicht umsonst.

Schwarzspecht: Richtig! Das müssen wir doch möglichst vielen Menschen und Tieren weitersagen! Komm, lass uns aufbrechen!

2. STATION
Dachs und Hase

Dachs: Hallo, Hase, weißt du schon?

Hase: Nein, mein Name ist Hase, ich weiß von nichts. Ist hier was geschehen? Ich hab nichts gesehen.

Dachs: Hast du auch nichts gehört? Du hast doch so lange Ohren!

Hase: Stimmt, du Frechdachs, aber die brauche ich auch, um auf der Hut zu sein vor dem Fuchs oder vor dem Uhu. Deswegen übe ich jeden Tag das Hakenschlagen, damit ich schneller bin und entkommen kann.

Dachs: Aber für heute Abend gilt das nicht. Bei der Waldweihnacht darf niemand gejagt werden. Ich habe einem Gespräch zwischen dem Schwarzspecht und dem Hahn gelauscht und habe ich mich sofort entschlossen: Da muss ich dabei sein! Ich habe auch schon in allen Dachsbauten Bescheid gegeben.

Hase: Oje, dann haben das auch alle Füchse mitbekommen!

Dachs: Das sollen sie auch! Alle Tiere sind eingeladen, zu dem zu kommen, der sie anschaut und liebt.

Hase: Da denke ich gleich an meine Hasenkinder, dreizehn an der Zahl. Wir Hasen kriegen nämlich dreimal oder viermal im Jahr Junge. Aber die sind alle schon außer Haus. Ich habe sie – bis auf die jüngsten – schon aus den Augen verloren. Zwei von den mittleren sind nur drei Tage alt geworden, weil sie ein Traktor überfahren hat.

Dachs: Da machst du ja jedes Jahr ganz viel mit. Das ist bestimmt sehr anstrengend und manchmal traurig. Ich will dir etwas erzählen: Als der Kumpel eines Verwandten von mir auf einem nächtlichen Streifzug unter die Räder eines Autos gekommen war, war mein Verwandter sehr traurig. Einige Zeit später kam er zufällig an einem Stall vorbei; da war es sehr hell und alle waren um ein Kind versammelt. Ich meine, das war vor einem Jahr. Jedenfalls war er danach viel ruhiger, und er ist seitdem auch viel vorsichtiger.

Hase: Du machst mich ganz neugierig! Ich glaube, das muss ich meiner ganzen Verwandtschaft melden. Am besten, ich klopfe mit meinen Hinterläufen ganz fest auf den Boden.

Dachs: Siehst du, jetzt hast du sogar deine Angst vor den Füchsen und vor dem Uhu verloren.

Hase: Du hast ja gesagt, heute Abend tut niemand einem anderen etwas zuleide.

Dachs: Mein Instinkt sagt mir, heute Abend gelingt das: eine große Versammlung von Mensch und Tier, denn auch wir Tiere sehnen uns nach einem großen Frieden.

Hase: Und woher soll der Friede kommen? Die Menschen allein schaffen das doch nicht. Die können doch nur jagen und jagen: Sie jagen der Zeit nach und dem Geld – und manchmal auch uns Hasen.

Dachs: Der Schwarzspecht hat gesagt, dass alles Gott gehört. Dann wird Gott auch dafür sorgen, dass Frieden wird auf seiner Erde. Ich glaube, das wird er selber regeln und höchstpersönlich kommen.

Hase: Und wie will Gott das machen?

Dachs: Er schickt einfach ein Kind. Dieses Kind wird dich trösten. Es vermag dich so anzuschauen, dass du nicht mehr traurig sein musst.

Hase: Und wo ist dieses Kind?

Dachs: Auf, lass uns das Kind suchen, das wirklich Frieden bringt!

3. STATION
Reh und Wildschwein

Reh: Hallo, Wildschwein, wie bist du heute Abend aufgelegt?

Wildschwein: Du kannst zu mir ruhig „Wildsau" sagen!

Reh: Sag mal, was gibt es bei dir an Weihnachten?

Wildschwein: Wie – was gibt es?

Reh: Na, zu essen – du weißt doch, ich als Reh bin Vegetarier.

Wildschwein: Ich fresse alles! Alles, was mir so zwischen die Zähne kommt! Zum Nachtisch gibt es zurzeit immer frische Bucheckern. Dieses Jahr haben die Buchen es gut gemeint.

Reh: Das freut mich, dass du wenigstens beim Nachtisch bescheiden sein kannst!

Wildschwein: Gezwungenermaßen, denn der schöne Mais auf den Feldern ist weg – wenn ich nur daran zurückdenke!

Reh: Ich freue mich auf Weihnachten, weil es da so schön ruhig ist im Wald. Und wenn die Menschen auf den Wegen spazieren gehen, dann sind sie ganz fröhlich und gut gelaunt. Manchmal stehe ich ganz nahe am Weg im Gebüsch und sie bemerken mich nicht einmal.

Wildschwein: Ich freue mich auch schon auf die Zeit nach Weihnachten. Da gehe ich mit einer anderen Wildsau und ihren Frischlingen auf Fresstour. Hinter den Gehöften liegt dann so vieles zum Fressen auf den Misthaufen. Manchmal sind feine Lebkuchen darunter, die sehen aus wie Sterne.

Reh: Ah, du meinst Weihnachtsplätzchen. Auf dem Spaziergang erzählen die Kinder davon. Sie basteln viele Sterne und schmücken die Fenster und Zimmer.

Wildschwein: Ich genieße die Sterne in der Nacht, denn sie spenden Licht für alle Nachtschwärmer unter uns Tieren. Sie leuchten uns gratis.

Reh: Das gefällt mir auch. Obwohl es im Winter auch besonders kalt ist, wenn die Sterne leuchten. Deshalb suche ich mir eine windgeschützte Stelle in den Brombeerranken. Aber wieso bist auch du heute Abend unterwegs?

Wildschwein: Ich habe noch ein bisschen Hunger und suche mir deshalb ein paar Äpfel in den Obstanlagen am Waldrand.

Reh: Ah, die schmecken mir auch gut. Aber warte, schau doch mal: Ich sehe da ein helles Licht – viel schöner als die grellen Lichter an den Autos, vor denen ich flüchten muss. Sonderbar, da ist ja ein Stern mit Zacken und ganz schönen, warmen, hellen Strahlen.

Wildschwein: Ja, der leuchtet jetzt viel stärker und es wird besonders hell. Das ist fast zu viel Licht für uns „Schwarzkittel". Das bin ich gar nicht gewöhnt.

Reh: Sieh doch, weiter vorne wird es noch heller. Es ist ein warmes Licht, das nimmt mir jede Scheu.

Wildschwein: Das wird auch der Grund sein, dass schon so viele Hasen und Füchse und Dachse zu diesem Licht hin unterwegs sind und so viele Menschen – und alle mit glänzenden Augen!

Reh: Die wollen sich sattsehen! Komm, Wildsau, wir gehen mit!

4. STATION
Elster und Pony

Pony: Hallo, Elster, stolzer Vogel, wo kommst du denn her? Dich kenne ich doch: Zusammen mit deinen Geschwistern besuchst du den Futterplatz bei den Nachbarn und futterst die Meisenknödel.

Elster: Ja, und du? Was suchst du hier in so später Nacht? Du gehörst doch eigentlich nach Hause in deinen Stall.

Pony: Von wegen! Meine Besitzerin hat mich heute zur Waldweihnacht mitgenommen. Heute Abend sind doch alle unterwegs: Menschen und Tiere – und wir sind bald da!

Elster: Wo geht's denn hin? Normalerweise weiß ich doch immer das Neueste! Wenn ich auf den Hausdächern sitze, höre ich immer, was die Menschen sich erzählen.

Pony: Wahrscheinlich hast du auf deinen ausgiebigen Ausflügen das Wichtigste nicht mitbekommen: Wir sind heute Abend unterwegs zum Christkind, und wir alle bringen ihm Geschenke mit.

Elster: Au ja, dann bringe ich ihm auch ein Geschenk mit! Gestern habe ich einen goldenen Ring auf einer Fensterbank gefunden, der glänzt ganz schön.

Pony: Jaja, du lieferst damit selber den Beweis, dass du eine diebische Elster bist.

Elster: Wieso „diebische Elster"? Der lag da einfach so herum – und dann habe ich ihn mitgenommen.

Pony: Um Ausreden bist du ja nicht verlegen! Das Christkind wird merken, dass er nicht dir gehört.

Elster: Und wenn ich ihn dem Christkind übergebe?

Pony: Dann kannst du ihm gleich deine Ausreden dazugeben! Denn das Christkind will uns ein reines und glänzendes Herz schenken. Der Glanz auf den Augen kommt an Weihnachten von einem reinen Herzen.

Elster: Glänzen deshalb die Kinderaugen auch schon so sehr, weil sie sich aufs Christkind freuen?

Pony: Ja, denn Kinder und Tiere gehören zusammen. Das weiß ich am besten, denn die Kinder kommen immer zu mir und wollen mich streicheln und auf mir reiten. Sie mögen mich einfach!

Elster: Dann hast du's gut: Mich scheuchen die Menschen immer weg. Dann schackere ich zwar heftig, aber es nützt nichts.

Pony: Ich habe gehört, das Christkind will die Menschen nicht ohne uns Tiere sehen. Es ist ja auf die Welt gekommen, um Frieden zu stiften zwischen Gott, den Menschen und der Natur, also auch zwischen den Menschen und dir.

Elster: Dann muss ich unbedingt mitkommen. Ich will auch solche glänzenden Augen.

Pony: Sehr gut! Dann lass uns schnell weitergehen, ich höre schon Stimmen und wunderbare Musik.

5. STATION
Heilige Familie: gemeinsame Schwangerschaft

Maria: Josef!

Josef: Ja, Maria?

Maria: Es war schon gut, dass du geglaubt hast, was der Engel des Herrn dir im Traum gesagt hat.

Josef: Du hast mir danach ja auch erzählt, wie dir der Engel des Herrn die Botschaft gebracht hat.

Maria: Ja, durch den Engel des Herrn gingen wir gemeinsam schwanger und jetzt haben wir auch gemeinsam das wunderbare Kind.

Josef: In diesem Kind sind die Wunder Gottes offenbar. Wie wird es sein, wenn das Kind erst einmal groß ist?

Maria: Du, Josef, wir sind jetzt seine Eltern. Das Kind ist uns anvertraut. Das wird nicht leicht werden!

Josef: Aber schau, der Höchste wird uns doch beistehen. Das war von Anfang an so – und Gott verlässt uns nicht!

Maria: Ja, auf diese Treue Gottes setze ich auch: Was der Ewige begonnen hat, das wird er auch vollenden.

Josef: Moment mal, Maria, der Ochse und der Esel hier im Stall sind ganz unruhig geworden. Oh, was ist da los? Ein Schwarzspecht sitzt auf dem Balken und ein Haushahn kommt dahergegockelt. Der Esel schreit Jiaah, weil da ein Pony kommt, und die Elster mit ihrem Schackern hat's ganz wichtig.

Maria: Josef, was ist das?

Josef: Da versammeln sich alle Waldtiere vor unserem Stall: Hasen und Dachse, Rehe, Wildschweine und viele andere ...

Maria: Die sind ja alle ganz friedlich – so friedlich, wie mein Kind hier schläft.

Josef: Ja, man spürt eine wunderbare, friedvolle Stimmung in dieser Nacht. Der Prophet Jesaja hat doch einmal den Friedensfürst verheißen. Ob wohl damit unser Kind gemeint ist?

Maria: Schau mal, Josef, die Tiere haben einen besonderen Glanz auf ihren Augen. Oh, das Kind ist gerade aufgewacht und schaut mit großen Augen.

Josef: Das kommt von dem besonderen Licht! Schau, Maria, das wird jetzt besonders hell – was ist das?

Erzähler: „In jener Gegend lagerten Hirten auf freiem Feld und hielten Nachtwache bei ihrer Herde. Da trat der Engel des Herrn zu ihnen, und der Glanz des Herrn umstrahlte sie. Sie fürchteten sich sehr, der Engel aber sagte zu ihnen: Fürchtet euch nicht, denn ich verkünde euch eine große Freude, die dem ganzen Volk zuteil werden soll: Heute ist euch in der Stadt Davids der Retter geboren; er ist der Messias, der Herr. Und das soll euch als Zeichen dienen: Ihr werdet ein Kind finden, das, in Windeln gewickelt, in einer Krippe liegt. Und plötzlich war bei dem Engel ein großes himmlisches Heer, das Gott lobte und sprach: Verherrlicht ist Gott in der Höhe, und auf Erden ist Friede bei den Menschen seiner Gnade" (Lk 2,8–14).

Anhang

Hinweise zur Organisation

Um eine Waldweihnacht selber zu gestalten, ist es von Vorteil, dies zusammen mit einer größeren Gruppe zu tun: einer Kirchengemeinde etwa oder einem Verein, z B. Familientreff, Kolpingfamilie, AK Ökumene, Jugendfeuerwehr, Musikverein. Die Vorbereitungen lassen sich dann auf mehrere Personen verteilen. Nach der Entscheidung, eine Waldweihnacht zu veranstalten, wird ein Organisationsteam gebildet.

Organisationsteam

Erste Aufgabe dieses Teams ist es, die Rahmenbedingungen zu klären:
- Wer ist offizieller Veranstalter?
- Für wen soll die Waldweihnacht angeboten werden?
- Wo soll sie stattfinden?
- Wann soll sie stattfinden?
- Wie laden wir dazu ein?

Das Team übernimmt die Verantwortung für die Auswahl der Texte und Lieder, die Suche nach Mitwirkenden wie Sprecher/-innen und die musikalische Begleitung, das Beantragen von Genehmigungen, die Werbung usw. Damit das Team möglichst gut arbeiten kann, sollte unter den Beteiligten geklärt werden: Wer leitet das Team? Wer übernimmt welche Aufgabe? Wer ist Ansprechperson für Anfragen von außen? Bei wem laufen die organisatorischen Fäden zusammen?

Offizieller Veranstalter

Wichtig ist, dass eindeutig bekannt gemacht wird: Jede Person geht auf eigenes Risiko mit. Außerdem ist zusätzlich eine Veranstaltungs-Haftpflicht-Versicherung notwendig. Kirchengemeinden oder Vereine haben in der Regel eine Sammelversicherung für die von ihnen durchgeführten Veranstaltungen. Am besten ist es daher, wenn eine Waldweihnacht offiziell von einem solchen Träger veranstaltet wird. Versicherungsfragen sind auf jeden Fall vorher abzuklären.

Rechtliche Situation im Wald

In jedem Bundesland gibt es ein eigenes Landeswald- oder Landesforstgesetz. Unter www.baumpruefung.de/Neuer_Ordner/bundeslaender_2.html sind die Gesetzestexte, Bestimmungen und Paragraphen aus dem Landeswaldgesetz des jeweiligen Bundeslandes aufgeführt. Besonders relevant sind die Themen „Betreten des Waldes" und „Feuer im Wald".

Termin

Ein bewährter Zeitpunkt ist der Tag vor Heiligabend, also der 23. Dezember um 17 Uhr. Es ist schon dunkel, aber noch nicht zu spät für Kinder und doch schon für manche Berufstätige möglich. Alternativtermine können in der Weihnachtszeit gefunden werden, z. B. am Zweiten Weihnachtstag oder am Sonntag nach Weihnachten. Eine Dauer von 1½ bis 2 Stunden ist angemessen.

Weg

Für die Waldweihnacht eignet sich ein größeres, ortsnahes Flurstück mit Wald, Feld und Wiese. Ausgangspunkt ist am besten ein ausgewiesener Wanderparkplatz. Grundsätzlich sollte die Route über befestigte Feld- und Waldwege führen. Die Wege sollten auch bei Schnee oder vorausgegangenem Regen begehbar sein. (Dafür empfiehlt sich ein Kontrollgang bei Tag direkt vor der Waldweihnacht.) Eventuell können Wegzeichen angebracht werden, die jedoch anschließend wieder entfernt werden müssen. Zu beachten ist: Wenn jemand von den vorgegebenen Wegen abweicht, entfällt der Versicherungsschutz. Eine reine Gehzeit von ca. 45 Minuten hat sich als günstig erwiesen, damit für die einzelnen Stationen genügend Zeit bleibt.

Stationen

Für die einzelnen Stationen wird jeweils ein Platz gebraucht, an dem sich die Teilnehmenden im Halbkreis um die Sprecher/-innen und die Tiere versammeln können. Ersatzweise eignet sich auch eine große Wegkreuzung. Interessant sind besondere topographische Punkte oder Naturdenkmale, z. B. Baum oder Höhle, Hügel oder Weiher. Wenn der Weg an Waldhütten vorbeiführt, kann man dort die Stationen gut platzieren. Zur weihnachtlichen Stimmung trägt bei, wenn diese Plätze durch Tannengrün, Sterne, Kugeln oder mit Windlichtern geschmückt werden.

Musikalische Begleitung

Jede Station beginnt und endet mit einem adventlichen oder weihnachtlichen Lied. Nicht fehlen sollte eine Musik- oder Bläsergruppe, welche die Lieder begleitet. Am besten eignen sich bekannte Advents- und Weihnachtslieder. Damit alle mitsingen können, empfiehlt es sich, Liedblätter für alle Teilnehmenden zu kopieren; dabei sind die Vervielfältigungsrechte zu beachten. Außerdem ist es sinnvoll, auch die rechtlichen Hinweise auf die Liedblätter zu kopieren.

Heilige Familie mit Kind

Im Bekannten- oder Verwandtenkreis gibt es sicher eine Familie mit einem Baby oder einem Säugling im Alter von ca. drei bis sechs Monaten. Man kann auch in der Schule oder im Kindergarten nachfragen, welche Familie bereit ist, bei der 5. Station als „Heilige Familie" mitzuwirken.

Tiere

Die Stationen werden anschaulicher, wenn die entsprechenden Tiere dabei sind. Dabei liegt die Verantwortung grundsätzlich bei den jeweiligen Besitzern bzw. Führern der Tiere. Hunde dürfen grundsätzlich nur angeleint, Ponys oder Esel nur von den eigenen Besitzern mitgeführt werden. Es steht ihnen frei, Kinder mitreiten zu lassen. Dies geschieht aber auf Vereinbarung zwischen

Besitzer und Eltern sowie auf eigene Verantwortung.
Beim Mitbringen von Kleintieren wie Taube, Hase oder
Katze sorgen die Besitzer für einen artgerechten Umgang. Vielleicht ist sogar ein örtlicher Schäfer bereit, mit
einigen Schafen und Hütehunden bei der Waldweihnacht
mitzumachen.
Stehen keine lebenden Tiere zur Verfügung, vor allem
bei den Wildtieren, kann man Präparate aus Schul- oder
Museumsbeständen ausleihen. Es empfiehlt sich, dort
rechtzeitig anzufragen und sich nach den Bedingungen
zu erkundigen. Ist auch das nicht möglich, kann man auf
Bilder zurückgreifen oder die Tiere, z. B. im Werk- oder
Kunstunterricht, basteln oder malen lassen.
Man kann für das Mittragen der Tiere Jugendliche als
„Tierwärter" engagieren. Von Vorteil sind lichtstärkere
Lampen zum Anstrahlen der Tiere; sie können bei der
Feuerwehr oder beim THW ausgeliehen werden.

Sprecher/-innen

Meistens lassen sich Sprecher/-innen für die einzelnen
Stationen leicht finden. Es empfiehlt sich, ihnen die
Texte einige Tage vorher zu geben, damit sie ihre Rolle
gut vorbereiten und am besten auswendig lernen können, wenn möglich mit dem/der Dialogpartner/-in!
Weitere Angaben siehe unter „Hinweisblatt für die
Sprecher/-innen".

Öffentlichkeitsarbeit

Eingeladen werden kann über die kirchlichen Mitteilungen, Vereinsblätter oder über die Tageszeitung. Am besten wirkt die persönliche Einladung: „Ich gehe zur Waldweihnacht. Gehst du mit?" Was die Teilnehmerzahl angeht, so liegt nach unserer Erfahrung ein guter Wert bei 100 bis 150 Personen, weil es sonst zu lange dauert, bis sich alle an den Stationen versammelt haben.

Lautsprecher

Wenn mehr als 50 Besucher/-innen erwartet werden, empfiehlt sich ein tragbarer, batteriebetriebener Verstärker. Viele Kirchengemeinden besitzen solche Geräte für Prozessionen und sind vermutlich gern bereit, eines auszuleihen. Es ist von großem Vorteil, wenn die Person dabei sein kann, die auch sonst diese Anlage betreut.

Lichtquelle

Zwar kann man im Licht der anderen gehen, dennoch empfiehlt sich die Mitnahme von Taschenlampen. Wenn man brennende Wachsfackeln mitführen will, braucht es in jedem Fall die ausdrückliche Genehmigung des zuständigen Revierförsters, und zwar für jede Veranstaltung neu. Für solches „offene Feuer" im Wald sind die entsprechenden Gesetze zu beachten (siehe unter „Rechtliche Situation im Wald"). Grundsätzlich gilt, dass Kinder und Jugendliche nur unter Aufsicht eines/einer Erziehungsberechtigten Fackeln tragen dürfen.

Bewirtung

Bei winterlichen Temperaturen und nach einem längeren Aufenthalt im Freien freuen sich alle über ein warmes Getränk im Anschluss an die 5. Station. Um die Helfer/-innen zu unterstützen, sollten die Teilnehmenden ihre eigene Tasse mitbringen. Da eine Waldweihnacht in diesem Stil keine kommerzielle Veranstaltung ist, empfiehlt sich die Ausgabe der Getränke auf Spendenbasis.

Schritte zur Durchführung mit Zeitplan

Zwei Monate vor der Waldweihnacht

– Mit dem zuständigen Förster Kontakt aufnehmen und seine schriftliche Erlaubnis einholen: Wegstrecke, Zeitpunkt der Durchführung, ggf. Erlaubnis zum Befahren der Waldwege für die Organisatoren, Mitführen von Wachsfackeln bzw. Kerzenlicht.
Welche weiteren Bedingungen gibt es?
Sind die Waldbesitzer einverstanden?

– Texte für die fünf Stationen auswählen.

– Kontakt mit den Verantwortlichen der Musikgruppe aufnehmen und vereinbaren, welche Lieder gespielt werden. Welche Bezahlung möchte die Gruppe oder verzichtet sie darauf?

– „Heilige Familie" mit ca. 3–6 Monate altem Kind suchen.

– Kontakt aufnehmen zu Besitzern von lebenden Tieren (Hase, Pony, Hund, Haustaube ...) oder Tierpräparaten (Jäger, Förster, BUND, Schule, Museum ...) oder eine entsprechende Auswahl von gebastelten Tieren oder Tierfotos bzw. Tierbildern besorgen oder aus diesem Buch kopieren.

– Leute suchen, die sich um die Bewirtung nach der Waldweihnacht kümmern.

Am Anfang des Advents

- Sprecher/-innen für die entsprechenden Rollen an den Stationen suchen; jede/-r erhält den Text seiner Sprecherrolle zur Vorbereitung sowie das „Hinweisblatt für die Sprecher/-innen".

- Tragbares Mikrophon mit Lautsprecher einschließlich Bedienungsperson anfragen.

- Zusätzliche Lichtstrahler besorgen.

- Die „Waldweihnacht" in den entsprechenden Medien veröffentlichen.

In den Tagen vor der Waldweihnacht

- Wer kopiert die Liedblätter mit den rechtlichen Hinweisen?

- Wer teilt die Liedblätter zu Beginn aus?

- Die Stationen herrichten und den Platz für die „Heilige Familie" gestalten.

- Gegebenenfalls Fackeln in Kommission besorgen. Wer verkauft die Fackeln?

- Wer übernimmt die Begrüßung, wer die Dankesworte?

- Wird zu den Gemeindegottesdiensten an den Weihnachtsfeiertagen eingeladen?

Liedvorschläge

Zur 1. Station
Leise rieselt der Schnee
Alle Jahre wieder

Zur 2. Station
Maria durch ein Dornwald ging
Es ist ein Ros entsprungen

Zur 3. Station
Herbei, o ihr Gläubigen, fröhlich triumphierend
Fröhliche Weihnacht überall

Zur 4. Station
Kommet, ihr Hirten, ihr Männer und Frauen
Vom Himmel hoch, da komm ich her

Zur 5. Station
Ihr Kinderlein kommet, o kommet doch all
Still, still, still, weil's Kindlein schlafen will

Zum Abschluss
Stille Nacht, heilige Nacht

Hinweisblatt für die Sprecher/-innen

- Seid pünktlich am vereinbarten Treffpunkt.
- Meldet euch bei (Name der Kontaktperson).

Vor Beginn
- Sprecht euch nochmals mit dem/der Dialogpartner/-in ab.
- Schaut, wo „eure Tiere" sind, wer sie mitträgt.

An den Stationen
- Seid rechtzeitig an der Station, am besten lauft ihr auf dem Wegabschnitt zu eurer Station vorne mit.
- Stellt euch neben oder hinter das entsprechende Tier.
- Lest laut und deutlich und langsam. Sprecht direkt ins Mikrophon. Vergesst die Sinnpausen nicht. Die anderen hören den Text zum ersten Mal, sie sollen ihn gut verstehen und mitdenken können.

Noch ganz wichtig
Bitte Taschenlampe (am besten mit neuen Batterien) mitbringen. Und: Gebt Bescheid, falls jemand krank ist oder nicht kommen kann. Sorgt, wenn möglich, selbst für eine Ersatzperson. Meine Handynummer: 0123 4567890

Schon jetzt:
DANKE fürs Mitmachen und viel Freude dabei!
Name der Kontaktperson

Beispieltexte für Einladung – Begrüßung – Dank

Einladung

Herzliche Einladung
an alle Erwachsenen, Jugendlichen und Kinder
zur Waldweihnacht im Seewald
am Donnerstag, 23. Dezember 2010, 17.00 Uhr
Treffpunkt: Wanderparkplatz am Seewald
(kurze Wegbeschreibung, eventuell mit Skizze)

Am Tag vor Heiligabend wandern wir miteinander durch den Seewald. Zur Einstimmung auf das Weihnachtsgeschehen werden fünf Stationen mit Texten und Liedern gestaltet.

Nach der 5. Station gibt es Glühwein, Punsch und Gebäck. Bitte Tasse mitbringen und außerdem auf gute Wetterkleidung und festes Schuhwerk achten!

Kinder können Laternen tragen – eine kleine Taschenlampe als Lichtreserve ist sehr praktisch. Wachsfackeln werden zum Kauf angeboten.
Dauer: ca. 1½ Stunden.

Begrüßung

Guten Abend!
Ich heiße Sie herzlich willkommen zur diesjährigen Waldweihnacht. Auf dem Weg hierher wurden wir eingestimmt durch die vorweihnachtlich geschmückte Stadt. Die Kinder haben schon Ferien.
Es ist Tradition, dass wir uns hier im Seewald am Vortag des Heiligen Abends treffen, um gemeinsam den Weg zur Krippe zu gehen.
Mit dabei sind Menschen unterschiedlichen Alters und verschiedene Tiere. Wir sind im Wald unterwegs, mitten in Gottes guter Schöpfung.
Gemeinsam feiern wir den Geburtstag dessen, der alle Menschen und die ganze Schöpfung erlösen und vollenden wird. Sie sind eingeladen, die Menschen, mit denen Sie verbunden sind, gedanklich auf den Weg mitzunehmen.
Jetzt nenne ich noch die rechtlichen Bedingungen, sie stehen auch auf dem Liedblatt:
- Jeder geht auf eigenes Risiko mit.
- Gehen Sie nur auf den befestigten Waldwegen.
- Eltern haften für ihre Kinder.
- Hunde dürfen nur angeleint mitgeführt werden.
- Irgendwelche Schadenersatzansprüche sind ausgeschlossen.
- Wer mitgeht, anerkennt diese Bestimmungen.

Viel Freude auf dem gemeinsamen Weg!

Dank

Bevor wir gemeinsam zum Abschluss „Stille Nacht, heilige Nacht" singen, danke ich allen, die diese Waldweihnacht ermöglicht und mitgestaltet haben:

- Förster bzw. Waldbesitzer A. für die Genehmigung
- den Musikern
- Herrn B., der uns durch den Wald geführt und die Stationen hergerichtet hat
- Herrn C. für die Technik
- allen Sprecherinnen und Sprechern
- den Besitzern mit ihren Tieren
- der „Heiligen Familie" D. mit ihrem Kind E.
- und Familie F., die für Punsch und Glühwein gesorgt hat, zu dem Sie nach dem Schlusslied eingeladen sind. Wer möchte, kann eine Spende dafür geben.
- Danke Ihnen allen für Ihr Mitgehen und Mitsingen.

Ich möchte Sie herzlich zu den Weihnachtsgottesdiensten der Gemeinden einladen. Nun wünsche ich Ihnen noch einen schönen Abend, einen guten Nachhauseweg und dann Mensch und Tier eine frohe Weihnacht!

Die Bibelstellen sind entnommen der Einheitsübersetzung
der Heiligen Schrift, © 1980 Katholische Bibelanstalt, Stuttgart.

Bibliografische Information der Deutschen Nationalbibliothek

Die Deutsche Nationalbibliothek verzeichnet diese Publikation
in der Deutschen Nationalbibliografie; detaillierte bibliografische
Daten sind im Internet über http://dnb.d-nb.de abrufbar.

© 2010 Echter Verlag GmbH, Würzburg
www.echter-verlag.de

Gestaltung
Peter Hellmund, Würzburg (Umschlagfoto: gettyimages)

Druck und Bindung
Friedrich Pustet, Regensburg

ISBN 978-3-429-03290-6

Botschaft des Trostes

„Immer wieder erlebe ich, wie aufmerksam Trauergäste zuhören, wenn die Biographie des Verstorbenen mit biblischen Aussagen verknüpft wird", sagt Karl Enderle. „Der Lebenslauf kommt dadurch in den Zusammenhang der ganzen Geschichte Gottes mit den Menschen." Diese Verbindung von Biographie und Botschaft des Trostes im Wort erfährt durch die Bilder von Katja Hubich eine besondere Vertiefung. Text und Bild eröffnen in ihrer Entsprechung und gegenseitigen Ergänzung neue Horizonte.

Karl Enderle
Katja Hubich
Botschaft des Trostes
Traueransprachen

112 Seiten, gebunden
ISBN 978-3-429-03140-4

*Das Buch erhalten Sie
in Ihrer Buchhandlung.*

www.echter-verlag.de